北京市社会科学界联合会
社会组织重点资助项目

COMMONWEAL, SCIENCE, EDUCATION SYMPOSIUM

"公益 科学 教育"论丛

任 杰 编著

北京理工大学出版社
BEIJING INSTITUTE OF TECHNOLOGY PRESS

内容简介

本书收录了多位长期在公益组织、科技传播机构和教育科研一线工作的专家、学者的研究成果，旨在探讨一个关于公益理论的基础问题，即公益的方向及内涵，公益、科学及教育之间的关系。希望通过这些有益的讨论能够促进公益学学科向着更加务实及更具活力的方向发展，并希望能在这些基础的实践工作中总结出创新性的公益理论，为我国公益学学科的发展奠定基础。

版权专有　侵权必究

图书在版编目（CIP）数据

"公益　科学　教育"论丛 / 任杰编著. —北京：北京理工大学出版社，2018.10

ISBN 978-7-5682-2369-0

Ⅰ. ①公… Ⅱ. ①任… Ⅲ. ①慈善事业－研究－中国 Ⅳ. ① D632.1

中国版本图书馆 CIP 数据核字（2018）第 238218 号

出版发行 / 北京理工大学出版社有限责任公司

社　　址 / 北京市海淀区中关村南大街 5 号

邮　　编 / 100081

电　　话 /（010）68914775（总编室）

　　　　　（010）82562903（教材售后服务热线）

　　　　　（010）68948351（其他图书服务热线）

网　　址 / http://www.bitpress.com.cn

经　　销 / 全国各地新华书店

印　　刷 / 保定市中画美凯印刷有限公司

开　　本 / 710 毫米 × 1000 毫米　1/16

印　　张 / 11　　　　　　　　　　　　　　责任编辑 / 徐艳君

字　　数 / 128 千字　　　　　　　　　　　文案编辑 / 徐艳君

版　　次 / 2018 年 10 月第 1 版　2018 年 10 月第 1 次印刷　责任校对 / 黄拾三

定　　价 / 38.00 元　　　　　　　　　　　责任印制 / 李志强

图书出现印装质量问题，请拨打售后服务热线，本社负责调换

序 言

说到公益，我们是在说无疆界医生？希望工程？还是奥运志愿服务？

说到公益，我们是在说 NGO？基金会？还是医院或学校？

说到公益，我们是在说默罕默德·尤努斯？比尔·盖茨和梅琳达？还是我们的雷锋？

都是，也不全是。公益也许是一个人，他的出现让我们感到温暖；公益也许是一间房，住在里面让我们感到安全；公益也许是一首歌，可以让那些泪眼变成笑脸；公益也许是一元钱，让失学的孩子重返校园。

什么是公益？这是我们一直苦苦追寻的问题，不同的人给了我们各式的答案：政府领导告诉我们那叫慈善；宗教人士告诉我们那叫仁爱；企业家告诉我们那叫社会责任；志愿者告诉我们那叫志愿精神。其实我认为那就是公益，一种每个人内心都有的向善之力：汇聚众人之心，以利众人之为。

可以肯定的是，公益不会单独出现，它会化身最前沿的科技，为社会的治理提供支持；它也会化作一门精彩的课程，改变着未来公民的思想。它会走进乡村、走进课堂、走进每个社区。今天我们所做的事情，就是将我们这些人的实践与思考汇编成册，我们希望能在梳理自己思路的同时，给更多的人以启迪。

在此，我要感谢北京三生环境与发展研究院的邓仪老师，20多年来，邓仪老师及其团队一直致力于环境保护与社区共同发展的事业。他们在云南省玉龙纳西族自治县九河白族乡河源村启动可持续发展与生态保护项目，组织村民把杜绝滥砍滥伐山林与村寨银行、生态产业合作社等创新组织形式相结合，实现了人与自然的和谐共存。他也荣获了由联合国颁发的"国际卫生及环境奖"。此外，我还特别感谢一直以来与我们共同开展科学普及和科学教育工作的各位老师及专家，也是大家共同的努力，使北京公益学学会科学教育团队荣获2015年"北京市社会好人"群体称号。正是这些平凡人的努力探索，使我们的公益之路不再平凡，同时我们也清醒地知道，走在这条路上的艰辛与曲折。

路漫漫其修远兮，吾将上下而求索。

任　杰
于北京　海淀
2018年11月8日

目 录

中国社会分工伦理观、人口压力与李约瑟之谜新解

  ——基于资源配置阻塞视角的解释   1

STEM 教育理念及其科技馆的实践初探   31

美国 STREAM 教育对我国中小学教育的启示   46

网络信息化与社科类社会组织管理方式的变革   69

大学生志愿服务常态化联动机制建立的研究   81

区块链技术应用于慈善事业初探   99

村寨银行、村庄内生式发展与乡村治理

  ——以云南河源村为例   112

以社会创业为切入点,全面提升我国高校创业教育

  的实施路径研究   133

在华跨国公司企业社会责任报告评价研究   148

中国社会分工伦理观、人口压力与李约瑟之谜新解
——基于资源配置阻塞视角的解释

任　杰[①]　刘海龙[②]

摘要：本文旨在从资源配置阻塞视角对"李约瑟之谜"提出新的解释。中国传统的"士农工商"等级分工伦理观促使商业资本和企业家才能向非工业领域进行配置，导致了资本密集型手工业部门工业化进程的停滞；明清时期迅速增加的人口压力导致能够容纳大量剩余劳动力的家庭非农副业生产迅速发展，也导致了劳动力密集型手工业部门的萎缩。因此，资本、企业家才能和劳动力向工业领域流动时受阻才是明清时期中国没有发生工业革命，未能产生资本主义萌芽的主要原因。

关键词：李约瑟之谜　等级分工　人口压力　资源配置阻塞

一、引言

李约瑟于20世纪中期提出了著名的"李约瑟之谜（the Needham Puzzle）"，比较成熟的表述见于1981年《传统中国的

---

① 北京理工大学教师，北京公益学学会理事长，北京市社科联委员。
② 北京工商大学副教授，硕士生导师（通讯作者）。

科学》一书的引言（文贯中，2005）：第一，"为何现代科学，即伽利略时代的'新的，或者说实验性的'哲学只兴起于欧洲文化，却不见于中国或印度文化呢？"第二，"为何在科学革命前的大约14个世纪中，中国文明在发现自然，并将自然知识造福于人类方面比西方有成效得多？"由于李约瑟博士在中国科技史研究领域内的杰出贡献和崇高地位，其所提出"李约瑟之谜"引起了中西学术界的长期关注。1995年，林毅夫先生在国际上发表的《李约瑟之谜：工业革命为什么未发源于中国》一文，再次激起了许多学者对该问题的重新思考，特别是北大中国经济研究中心（CCER）主办的学术刊物《经济学》（季刊）于2005年和2006年连续刊载了一组关于该问题的学术论文，将对李约瑟之谜的研究推向又一个高潮。

但是，由于李约瑟本人对该谜题在不同的场合有不同的表述，导致李约瑟之谜的表述版本比较多，因而相关研究中有"各说各话的趋势"（文贯中，2005），并且时常不加条件地将各种版本混合使用。总结起来，关于李约瑟之谜的表述主要有三个类别：科技革命说、工业革命说（资本主义萌芽说）和经济发展停滞说。科技革命说的核心问题是，科学革命为何没在中国发生？毫无疑问，这是李约瑟之谜的本源领域，因为李约瑟正是从考察中国的科技和技术史的过程中提出该问题的。在相关的研究中，林毅夫（1995，2007）和文贯中（2005）是在科技革命的范畴内来理解李约瑟之谜的。许多研究表明，中国在14世纪的明朝初年几乎具备了18世纪中叶英国工业革命的主要条件（林毅夫，2007），但是工业革命却没有在中国发生。因此工业革命说是指，14世纪之后的中国为什么没有发生工业革命？这是许多人研究李约瑟之谜的真正兴趣所在（Elvin，1973；姚洋，2003；

皮建才，2006；等等），是长期以来李约瑟之谜的主流版本。工业革命版本的李约瑟之谜也可以称为资本主义萌芽版本（韦伯疑问）：工业革命为何没能首先发生在孕育了资本主义萌芽的中国？经济发展停滞说的目的则是要解释近代中国经济为何没能实现起飞而是长期处于经济发展的停滞状态（张宇燕和高程，2005），或者说解释"为什么宋代中国的早期工业革命到了明清时期会变成停滞的农业经济了"（艾德荣，2005）。

笔者认同诺斯（1981）的观点，即工业革命要比科学革命（现代科学和技术的结合）早了约一个世纪的时间，这也是历史学中的普遍观点。而科学革命说则认为"科学革命先于工业革命发生，并且是工业革命的必要条件"，因此以科学革命为切入点来解释工业革命的夭折存在逻辑矛盾。同时笔者认为，工业革命和经济停滞之间是里和表、原因与结果的关系，而处于现象和结果层面的经济停滞可以用来形象地说明工业革命没有发生的后果，或者说形象地对李约瑟之谜进行直观表述，因为这个领域最容易以数据来描述。本文主要在经济发展的领域内探讨工业革命说版本的李约瑟之谜，探索工业革命为何没发生在条件已然具备的中国，探索中国为何没能走上资本主义道路。

本文其余部分的结构如下：第二部分从经济发展停滞角度给出李约瑟之谜的直观印象；第三部分对近期的相关研究进行了总结、分类和述评，并指明本文基于资源配置视角的研究思路；第四部分揭示了传统的等级分工伦理观在持续抑商政策的推动下演变为社会对商业和商人的普遍的歧视性价值观，并研究了这种价值观所带来的投资阻塞与企业家才能阻塞效应；第五部分解释了人口压力条件下剩余劳动力的配置以及家庭生产的兴起；第六部分考察了资本、企业家才能、劳动力的配置阻塞对明清中国工业发展路径的影响，提炼出了基于资源配置阻塞视角下李约瑟之谜的解释框架；最后总结全文。

二、李约瑟之谜的直观理解

如前所述，可以用经济停滞来形象地说明李约瑟之谜。首先要区分经济增长和经济发展。在发展经济学领域，经济增长一般是指经济总量绝对量（如GDP）的增加，而经济发展则是指结合了人口增长因素的经济增长状况（如人均GDP和社会福利）的发展（韦森，2006），二者之间是"量"和"质"的关系。宋朝以后，中国的经济总量继续增长，1820年实现GDP总量2 286亿美元，约占世界GDP总量的1/3，比1500年翻了近两番，并长期占据"世界最大经济体"的地位。但是，与经济增长的"量之增长"相伴随的却是经济发展的"质之停滞"，这可以通过人均GDP和城镇化率两个指标的长期趋势来直观地显示出来。

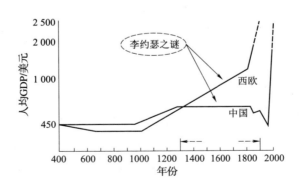

图1 李约瑟之谜的直观印象

注：纵轴为人均GDP的对数标度。

资料来源：根据《世纪经济千年史》（麦迪森著，伍晓鹰等译，北京大学出版社2003年版）第30页图1-4绘制。

从图 1 中可以看出，从约 14 世纪（明朝初期）开始，西欧在人均收入方面超过了此后仍旧长期占据世界最大经济体席位的中国，并持续保持 0.14%～0.15% 的年均复合增长率，1500 年人均 GDP 为 774 美元，到 1820 年增长了 60%，达到 1 232 美元，是中国的两倍，1913 年达到 3 473 美元，比中国高出 5 倍还多。但从 12 世纪后期开始（宋朝以后）一直到 20 世纪后半叶，中国此间的人均 GDP 年均增长率却为 0，人均 GDP 在长达 6 个多世纪的时间里一直保持在初始的 600 美元甚至更低的水平（麦迪森，2003：P30），经济发展处于长期停滞甚至倒退状态。所以，图 1 中 12 世纪末期至 19 世纪期间的"两条迥异的线段"构成了李约瑟之谜的直观印象：西欧是一条向右上方倾斜的线段，而中国却是一条更低的水平线段。也就是说，李约瑟之谜是指为什么宋朝之后的中国没能发生工业革命，进而导致中国经济发展的长期停滞。

城镇化率可以视为衡量经济发展的另一个重要变量。因为当一个国家能够扩张其城市人口的比重时，表明其农业有一个超过其维持生存水平的不断增大的剩余，经济活动的非农业部分正在增加（麦迪森，2003：P226）。中国在 1500—1800 年期间城镇化率（万人以上城镇的人口占总人口的比率）一直在 3.8%～4.0% 左右徘徊，到 1890 年才达到 4.4%。但是同期西方世界的城镇化率却有明显的提高。西欧从 1500 年的 6.1% 上升到 1800 年的 10.6%，1890 年达到 31.3%；英国的英格兰和威尔士 1500 年的城镇化率为 3.1%，1800 年达到 20.3%，1890 年则高达 61.9%，苏格兰相对应各期数字分别是 1.6%、17.3% 和 50.3%（麦迪森，2003：P246）。所以，城镇化率的数据也走出了和图 1 中相似的轨迹，反映出中国经济发展的长期停滞。

三、四种视角的解答及评论

由于个人学术背景以及所掌握资料和信息的差异,研究者对李约瑟之谜的解答观点不一,可以说是"仁者见仁,智者见智"。这里并不打算深陷于对具体观点的热烈争议之中,而是侧重于从研究视角对相关研究进行分类。综合来看,笔者认为中外学者对李约瑟之谜的研究主要在四种视角下进行:思维和观念视角、地理环境视角、人口与资源视角、制度与技术视角。四种视角代表了四类约束条件,选择哪种视角就意味着研究者选择了哪种约束条件作为切入点来解题。由于对李约瑟之谜的研究非常之多,下面仅根据上述分类思路的需要选取部分文献。这样组织可以使重点显得更加突出,但文献的遗漏以及信息量的减少在所难免,感兴趣的读者可以通过对参考文献的多级搜索阅读来弥补缺憾。

(一)思维和观念视角

李约瑟本人是从思维和观念视角来审视李约瑟之谜的。他认为中国人的"重实用轻分析"的思维方式导致中国没能产生现代科学(姚洋,2003)。韦伯以宗教思想为线索来进行考察,他在《宗教社会学论文集》中认为中国不能产生资本主义的原因主要在于儒家思想对中国社会的统治。钱穆(2001)多次述及,儒家教义(如重义轻利的伦理观和天下大同的共同理想等)领导下的"士人政府",即代表学术理想的儒家知识分子占据学术文化知识的权威地位,进而主持政治,再由政治领导社会,导致了中国没能走上资本主义道路。也就是说,钱穆认为中国四民社会一贯相承的儒家传统文化精神制约了资本主义在中国的发展。

姚洋（2003）认为思维方式只是对中央集权官僚政治这个背景约束条件的反应，但笔者认为中国传统的思维和观念来自官僚政治背后的儒家教义的强势地位，而后者主要来自平民学者的推动，他们上事政治为"士大夫"，下事教育为"士君子"，从而使儒家教义成为"士人政府"的领导者（钱穆，2001）。同时，黄仁宇对于韦伯的批评可能反映了人们对思维和观念视角下的研究的印象：他认为对思维和观念方面的考察属于社会学或人类文艺学，用它们来解释人类的经济行为实属"用抽象的论断来衡量具体的事物"（黄仁宇，1997）。这种批评具有一定的道理，因为一般而言，涉及心理的因素不具有实证特征。但是，我们却不能因此把思维和观念武断地排除在科学分析之外，因为它们可以被引入作为科学分析的重要约束条件或基础假设。比如，中国传统的"士农工商"等级分工伦理观影响了商人的边际收益与商业资本的投资流向，进而导致了中国工业革命的夭折，下文对此有专门分析。

（二）地理环境视角

基于地理环境视角的解答以 Diamond（1999）和文贯中（2005，2006）为主要代表。Diamond 认为，欧洲的海岸线犬牙交错且近海岛屿众多，有利于形成众多竞争的小国；而中国的海岸线平滑有序且近海几乎没有岛屿，有利于形成大一统的帝国；正是这种完整的地理环境所造成的大一统的国家体制造就了中国的落伍。[①] 而文贯中则强调"地理禀赋决定了一个民族的演化道

---

① 姚洋（2003）称为"中央集权说"。姚洋是按照理论观点的主要内容的不同来分类的，而本文则以研究的切入视角为分类标准，所以会存在分类的差异。

路"，依据"疆域相对人口扩大——劳动力密集型部门萎缩——城市化水平下降——内生性增长无法实现"的逻辑思路，该文认为宋朝之后元、明、清时期的疆域面积的扩大，内陆可耕地面积的拓展，使传统的农本社会获得了极大的自我延续空间，从而数次尝试跨入商业社会均告失败，使中国失去了本土性科学革命的可能。

虽然地理环境是一个非常基础的禀赋条件，尤其是对于农业社会和工业社会而言，但是文贯中的理论解释仍然存在若干不足之处：① 第一，文中默认为"当人地比例恶化时，人们会自发涌向城市"，实际上此时随着农村人均产量和余粮率的下降，② 城镇人口比重会逐渐降低，新增剩余劳动力更多进入乡村家庭从事非农副业生产，而不是进入城市进行分工交换（赵冈，陈钟毅，2006：P336，414）；第二，由于单纯的地理禀赋约束更适合解释经济社会的集约变迁或渐进变迁，而对于广延变迁（比如由农本社会向工商社会的急剧全面转变）的解释则需要考查其他更为贴近经济社会的约束条件，比如下文将要分析的资源配置阻塞；第三，如果用"人地比例"来替代文中"疆域面积与人口的相对比例变化"应该更为恰当，该文中也多次以"人地比例"的概念作为解释工具。并且，该文所引用的"人均耕地"数据显著不准确，与文中其他引用数据相矛盾，下文表1会有说明。

（三）人口与资源视角

Elvin 的"高水平陷阱"假说是考察人口与资源约束的典型

---

① 此外，该文对于清朝中后期的解释过于牵强。根据文中的数据，清朝中后期的人口有了明显的增长，在疆域基本不变的条件下，本应该导致城市化水平的显著提高和内生性经济增长，但这并没有出现。文贯中将其归因于"当时世界的新格局已经俨然形成，中国和欧洲先进国家的差距已显著拉大"，出现了内部逻辑的不一致。

② 据赵冈和陈忠毅估计，11世纪到19世纪中叶，人均粮食产量下降达36%。

代表。中国在较高的农业水平上维持了巨大的人口数量——人口压力促使中国全力发展农业技术，但是农业技术改进的收益完全为新一轮的人口增长所吞噬；同时中国工业的发展却受到了有限资源的制约，无法在旧有技术条件下获得进一步发展，因此中国便进入了一个"高农业水平、高人口增长和低工业水平"的高水平陷阱之中。姚洋（2003）对高水平陷阱假说进行了修正，认为中国之所以没能产生近代工业，主要是因为人地比例压力导致的农业的投资收益率要高于工业，而不是受制于资源约束。

除了姚洋（2003）对高水平陷阱假说中的"资源约束"假设给予中肯批评之外，林毅夫（2007）还从技术进步以及经验数据两方面指证了该假说中内部逻辑的不一致，这里不再赘述。需要注意的是，姚洋（2003）自身也存在一个致命的失误，姚洋的修正认为"农业的报酬率要高于工业"，这不仅和常识相悖，而且错误地援引了曹幸穗的《旧中国苏南农家经济研究》作为例证资料：近代后期工商业投资的平均利润率在 40% 左右，是土地投资最高利润率的 3 倍（曹幸穗，1996：P47-48）。[①] 此外，虽然"工业缺少资金致使工业革命没能实现"的结论是非常正确的，但原因却不是产业间报酬率存在差距，而是下文将讲到的"轻商、贱商"的歧视性价值观念所造成的投资阻塞。

（四）制度与技术视角

相当多的研究把焦点对准了制度约束，尤其是行政与政治制度。在张宇燕和高程（2005，2006）的研究中，中国传统的官僚体制给产权带来了很大的不确定性，因此与官僚阶层达成合作便成为短期内商人们保护私产的最优选择；这种官商结合的产权

[①] 杨德才（2006）在脚注中也指出了该引用错误。

习惯使明朝晚期的中国商人阶层丧失了发动社会变革以及推动正式产权制度出台的动力，最终阻碍了国家实力的增长。艾德荣（2005）认为明初的"弱省"行政体制改革，使地方精英更易于限制潜在专业化生产者（工商阶层）的产权以维护自身利益，由此导致产权体系的削弱，使技术革新和工业化的速度放慢，最终陷入停滞。皮建才（2006）则认为问题的焦点不在于地方精英的制约，而在于形式权威在（下层）政府和民间的不当配置致使民间出现了投资阻塞，进而导致了李约瑟之谜的出现。在其他制度方面，科大为（2002）认为现代金融制度、现代会计制度、现代企业管理制度的缺失造成了中国没能发生工业革命，前者的缺乏导致无法为大规模使用新技术提供所必需的投资，后两者的缺乏则导致企业自身不能为大规模生产奠定基础。

尽管上述各种制度说的研究焦点不甚一致，但都直接或间接地承认这样一个事实：商人和商业资本是工业革命的决定性条件，如果没有商业资本向工业领域的转移投资，没有极具开拓精神、经营头脑和风险意识的商人群体加入工业企业家的行列，工业革命就绝不可能发生，中国的经济就绝不可能走上资本主义道路。这也是本文所要强调的"商业资本和企业家才能的配置"问题。① 但是，笔者并不认同他们对"大规模商业投资行为受阻"原因的制度说解释。笔者认为中国传统的等级分工伦理观造成了全社会对商人和商业的歧视性价值观念，商人为了实现心理补偿、获得声誉和社会地位而导致了社会的投资阻塞，把商业资本投向了农、士，而不是工和产权保护（他们似乎忽略了非正式制度对产权的保护作用）。产权保护不足的观点也可以部分地解释

---

① 因此，张宇燕和高程是从产权保护的非正式制度安排去看待官商结合，本文则是以企业家才能的配置阻塞来看待这种现象。

商人投资地产、豪宅和入仕，这样可以把不稳定的商业资本转化为稳定的物质资产或社会关系保障，但却不能解释商人群体的公益性投资行为（比如捐款建书院、会馆、修路架桥等），也不能较好地解释商人们为何能够普遍地接受资金转移前后投资收益率的大幅变动（转移后资金收益率为0甚至为负值），而等级分工伦理观及其对无形收益率（社会中的声誉、地位、尊重等）的影响可以解释这些现象。

林毅夫（2007）从技术发明模式切入进行研究，他认为科举制度使中国的知识分子无志于对基于科学和实验的技术发明进行人力资本投资，进而导致中国没能成功爆发科技革命。如前文所述，林毅夫技术视角的研究在于解释科技革命，而对于解释工业革命说版本的李约瑟之谜并不是必要的。黄仁宇（1997）则站在了制度和技术的综合视角。他认为资本主义是一种"规模宏大结构健全"的系统体制，因此需要多种旨在减少交易费用的制度和技术安排——信用制度、金融制度、职业经理制度、法律制度，尤其是私有产权制度、服务技术（交通、通信、律师事务及保险业务）——的支撑才能获得发展，而中国在上述诸多方面都存在缺陷，因此未能产生资本主义[①]："一只走兽，除非脱胎换骨，否则不能兼任飞禽"。在诸多的解释中，可以说黄仁宇的综合观解释最充分地注意到了李约瑟之谜所涉及内容的结构性和系统性，但是同时这可能使研究失掉重心，提高了被经验事实证伪的难度，也缩小了理论的解释力。

---

① 因此，姚洋（2003）和皮建才（2006）把黄仁宇的观点总结为"产权制度说"有失偏颇。除了上述制度与技术方面的因素，黄仁宇还认为中央集权政治制度、数千年的儒家思想和重农抑商政策等也是影响中国不能产生资本主义的原因。同时他认为资本主义必须具备结构性的系统特征，因此反对"资本主义萌芽"的说法，认为其只是"昙花一现"、不成体系的现象，是"非驴非马"的称呼。

（五）本文的研究视角

基于上述的理论回顾和评论，笔者认为从资源配置的视角①来解答李约瑟之谜更为恰当。宋朝时传统的民营工业要实现工业革命发展为大工业，必然要借助于企业家才能、大规模的商业资本、劳动力这三种必要资源的注入。恰恰是因为这些因素没有流向传统手工业，而是主动流向了其他行业和领域，这才导致了工业革命的夭折和中国经济对资本主义道路的放弃。尽管 Elvin 和姚洋已经分别强调了普通劳动力和商业资本两种资源，张宇燕和高程（2005，2006）、艾德荣（2005）、皮建才（2006）、科大为（2002）也都很重视商业资本的投资阻塞问题，但是对于造成资源配置失灵的原因，本文有不同的认识：造成商业资本和企业家才能不当配置的原因在于中国持续的等级分工伦理观和抑商政策所造成的对商人和商业的歧视性社会价值观念，而造成劳动力配置失灵的原因在于人口快速增长带来的人地比例的恶化和劳动力边际产出的急剧下降。三种要素的无效配置决定了中国经济的发展道路，也解释了中国为何没能发生工业革命和走向资本主义道路。下面将依次分别进行分析说明。

四、等级分工伦理观与商业资本和企业家才能的配置

春秋战国时期，农家、法家、儒家等已有农本商末的等级分工思想，而中国各农本朝代抑商政策的持续实施更使社会中形成了对商人和商业的普遍的歧视性价值观念，这种观念严重影响了

---

① Elvin 强调普通劳动力和自然资源，姚洋还强调了商业资本，笔者在这里说的资源配置多了企业家才能，而且不包含自然资源。

商业资本和潜在企业家才能的有效配置。

（一）等级分工伦理观及抑商政策的强化作用

等级分工伦理观是指中国传统的带有强烈歧视色彩的"士农工商"的等级分工观念。这种观念认为，社会有"士农工商"四民，社会地位依其重要性依次递减；业有本末之别，农为本，商为末，换句话说即"农贵商贱"。等级分工伦理观源于错误的经济学观点：产业部门之间的就业存在绝对的对立关系（赵冈，陈钟毅，2006：P443-444），认为更多的人从事工商业会造成农业劳动力的流失。[①] 以现代理论来看，这种观点是一种掺杂了个人偏好的规范性判断。按照经济学中的一般均衡的思想，在各产业部门就业之间的相互作用下，每个产业都存在自己的一个最优水平的就业总量，无论过多或过少都缺乏效率。古代中国是农业大国，农业的生产状况直接关系到社会稳定与国家兴衰，统治者一直都在忧虑从事工商业会威胁到农业生产的劳动力总量，这直接导致了学者和统治者对抑商政策的支持。如果说等级分工伦理观在春秋战国时期还只散见于若干知识分子的论说之中，那么汉朝之后绵延持续的抑商政策则推动它成为普遍的社会价值观念，并对人们的行动产生了明显影响。

秦汉以前，中国只有重农思想，并没有抑商的政策（赵冈，陈钟毅，2006：P444；胡寄窗，1981：P6）。秦汉统一全国后，地方割据消除，度量衡统一，商品流通和商业活动的条件大为改善，但是商人群体势力的飞快膨胀令统治者和一些学者感到

[①] 直到清朝，雍正皇帝还认为"市肆之中多一工作之人，则田亩中少一耕稼之人"（《大清宪宗皇帝实录》卷五十七）。这是与经济学中的"一般均衡"思想相悖的：根据一般均衡思想，在各产业部门就业之间的相互作用下，每个产业都存在自己的一个最优水平的就业总量，无论过多或过少都缺乏效率。

不安，① 于是立即采取了"抑商"政策。具体而直接的抑商政策始于汉高祖。高帝八年春下令"贾人毋得衣锦绣绮縠纻罽、操兵、乘骑马"（《汉书·高帝纪下》），并"重租税以困辱之"（《史记·平准书》）。此后抑商政策屡有起伏，到汉武帝时期达到顶峰。连年征战和灾荒导致国库空虚，因此汉武帝启用行政手段剧烈干预市场。首先把商业财富进行强制性再分配，包括对商用车船征税、对商人财产征税（"算缗钱"）等政策；其次对经济领域推行完全的行政垄断，包括盐铁禁榷制度以及"均输"和"平准"等政策。其中，征收财产税和盐铁禁榷对商品经济的影响最为剧烈，② 导致多数商人破产，商业活动范围大幅缩减。自汉武帝之后直至清末，各朝各代的政策中多多少少都带有一些抑商的色彩，但都没有被严格执行。尽管抑商政策在明中叶以后受到了黄宗羲等实学家的挑战，③ 一些"恤商"政策如减免商税、允许商人子弟科举入仕等开始出现，但"重农抑商"仍是为统治者所用的主流政策。明太祖朱元璋说："若有不务耕种，专事末作者，是为游民，则逮捕之。"（《明太祖实录》卷二零八）洪武十四年诏令："农民之家许穿绸纱绢布，商贾之家止穿绢布。如农民家

---

① 学者们也纷纷发表言论支持抑商政策，著名的如晁错的《贵粟疏》、仲长统的《理乱篇》等。

② 商人财产税最初为自行申报，后改为重金鼓励他人检举："有能告者，以其半与之"（《史记·平准书》），这使政府的征税行为变质为明目张胆的财产劫掠行为，催生了史上著名的"杨可告缗"事件，多数商贾均遭遇巨额财产损失并破产，工商业者的积极性被严重挫伤。直到汉武帝后期，财政已经从盐铁专卖中基本得到补充之后，算缗才真正被桑弘羊取消。盐铁禁榷制度是指冶铁、煮盐两个行业的生产和销售完全由政府垄断，禁止私人资金介入。这就在当时两个最大的行业中完全排除了民间资金，使商业的活动范围大幅下降。此外，汉元封元年（公元前110年）汉武帝又实行了"均输"和"平准"政策："均输"是指将大宗货物的征购、转销、调运，亦置于国家统一操办之下，"平准"是指中央政府对市场物价进行控制，防止囤积居奇。这两项政策进一步强化了行政垄断在流通领域的拓展，限制了商品经济的自由发展。

③ 黄宗羲是浙东史学学派的代表人物，他在继承宋朝浙东事功学派叶适、陈亮等人"农商并重、反对抑末"的思想之余，进一步提出了"工商皆本"的惊世之论（葛荣晋，2003）。叶坦（2000）认为叶适的学生陈耆卿已经在500多年前提出该观点。

但有一人为商贾，亦不许穿绸纱。"（胡侍·真珠船卷二）乾隆皇帝也说："朕欲天下之民，使皆尽力南亩……将使逐末者渐少，奢靡者知戒，蓄积者知劝。"（《皇朝通典（卷一）·食货一》）

除了汉武帝时期之外，其他时期的抑商政策对商业活动的直接抑制效果并不显著，所以抑商政策的后果主要体现在社会价值观层面（赵冈，陈钟毅，2006：P446；刘颜东，2004）：长期持续的抑商政策推动部分学者所提倡的等级分工伦理观演化为全社会对商业和商人的歧视性价值观念，"轻商、贱商"业已成为社会正统价值观的重要部分。① 同时，由于报酬率高，商业的从业人员并不在少数。在以"农贵商贱"的歧视性社会价值观念为主导的环境中，工商业从业人员往往遭遇社会歧视，得不到与其贡献相匹配的社会地位和社会尊重，面对社会，他们非常容易产生心理失衡和自卑情结。

（二）歧视性价值观念影响商业资本的投资

在历史后期尤其是明清时期，中国商业资本的规模是相当庞大的。张宇燕和高程（2005）指出，突然扩大的海外市场和数额可观的白银流入为晚明中国商人提供了暴富之路，各大商人集团纷纷兴起或壮大；万历元年至崇祯十七年（1573—1644）的72年间，海外流入白银至少在1亿两之上，基本上尽数落在整个商人阶级的手中；到了明朝末期，中国拥有数十万白银的大商人已经颇为常见。商人集体尤其是18世纪的两淮盐商、明清

---

① 如南宋爱国诗人陆游在《陆放翁家训》中曾明确戒曰：不管其子弟天赋如何，"然不可不使读书。贫则教训童稚以给衣食，但书种不绝足矣。若能布衣草履，从事农圃，足迹不至城市，弥是佳事。……但切不可迫于食，为市井小人之事耳，戒之戒之！"。再如明朝叶盛一再告诫其子孙只可"使之为士，而不欲使之流为工商，降为皂隶（《水东日记》卷十五）"。而直到清朝，雍正皇帝亦坚持说："朕观四民之业，士之外，农为最贵。凡士工商贾，皆赖食于农。以故农为天下之本务，而工贾皆其末也。"（《大清宪宗皇帝实录》卷五十七）

的徽州商帮、19世纪的晋商票号等更是积累了数额庞大的商业资本。仅以两淮盐商为例，从乾隆十五年（1750）至嘉庆五年（1800）间，盐商中运商集体和场商集体的年均累积利润分别约为2.5亿两和150～200万两白银，半个世纪累积利润可达126亿两白银（何炳棣，1999）。但是，由于歧视性价值观念的影响，这些数目巨大的资金并没有被最有效地配置到民营手工业领域，工业资本无法获得积累。

歧视性社会价值观念导致了商人群体的心理失衡与自卑感，为了求得心理补偿，他们往往把积累的资金转移到社会地位较高的农、士领域。首先是把大量资金用于返乡购买田地，以恢复或兼领务农身份，因为农的社会地位要高于工商。《史记·平准书》所记载的"杨可告缗"事件中，富商因告缗而被没收的田产，"大县数百顷，小县百余顷"，足见商贾买地之普遍。① 其次把商业资金投入家乡建筑业，商人往往回乡修建大量炫耀性建筑和纪念性建筑，或者投资兴建书院等公益事业，以提高他们的社会形象，并以期求得社会的认可。《歙县志》说："商人致富后，即回家修祠堂，建园第，重楼宏丽"，就是当时实际情况的写照。炫耀性建筑包括私家园林、别墅、住宅等；而对纪念性建筑的投资则或多或少带有公益事业的性质，比如捐资修建家族的祠堂、祭田、义宅，捐资兴建佛寺、道观、牌楼；同时他们还捐资公益事业，修桥补路治理交通，捐资义馆、学宫、书院，在京修建会馆以帮助应试士子，等等（刘淼，1982）。明清时期商业资金返乡最为壮观，出现了山西大院、徽州祠堂等时代性建筑群。

商业资本的第三个流向是通过投资文化教育政治以获取

---

① 另一个原因是分散商业投资的风险。

"士"的身份。一方面，部分商人家庭经常性地为士大夫提供款待与资助，还经常在私宅中赞助举办文化沙龙，或者在京城建造会馆方便学子应考。例如，《扬州画舫录》中陈述了18世纪时长江下游的有名文人，只有极少数和扬州盐商家庭没有关系。士大夫从商人处得到物质帮助，而商人同时也藉其与士大夫的关系获得社会名声，藉着赞助各类的文化活动，扬州盐商无论其出身如何，实已被认可是真正的社会精英（何炳棣，1999）。另一方面，花费巨资培养家庭成员成为士大夫，或者以捐纳获得功名官职，或者培养后代求取功名以及成为诗人、艺术家、艺品行家等。仍以两淮盐商为例，当盐商家庭事业上积累起一定的财富时，年轻的成员就被鼓励从事学术研究，或者是从政，结果使商人家庭的商人成分愈来愈淡；一般经过两代或三代之后，盐商家庭即非原先同样的社会身份了。

所以，歧视性的社会价值观念推动着商业资本向上述三个非工业领域的无效率配置，[1] 导致中国民营手工业部门的再投资规模无法显著增加，造成了"投资阻塞"。投资阻塞问题（hold-up problem）是指进行关系专用投资的经济行为主体不能获得自身投资的全部边际收益，进而引起投资不足的低效率现象（皮建才，2006）。[2] "关系专用"在这里的意思是，如果商业资本不用于投资手工业，其价值在任何其他的用途中都将明显降低，也许降为零。因为工商皆为四民之末，与投资田宅和"从士投资"相

---

[1] 首先，商业资金大量流向农村的土地市场和建筑市场，会促使农村地价快速上升，降低土地投资的报酬率；同时，在中国历史的后期，农村已经处于劳动力过剩状态，资金返乡无利于增加就业和促进生产；此外，大量的"入仕"资金不会创造任何经济价值。

[2] "hold-up problem"也被译为敲竹杠、套牢问题或要挟问题。皮建才（2006）也认为揭开李约瑟之谜的关键问题在于中国民间出现了投资阻塞。但与本文观点不同的是，该文认为政府形式权威与民间形式权威的配置失衡导致了投资阻塞的出现，而本文认为主要是等级分工的社会价值观念导致了投资阻塞的出现。

比，投资手工业部门不能提高商人的社会地位，无法使商人得到心理补偿。而社会声誉与社会地位是边际收益中的重头戏，缺了这一块，就会出现投资不足即投资阻塞。

（三）歧视性价值观念影响企业家才能的配置

由于具备家庭环境的熏陶、前辈的工商业经验、雄厚的财力支持、良好的教育等多种有利条件，商业家庭对其成员进行人力资本投资的效率和产出水平都非常高，换句话说，他们非常容易并且多数确实成了优秀人才。如果以现代经济学的术语来称呼，这些优秀的商业家族成员就是当时潜在的企业家，而一个国家最稀缺、最宝贵的资源是企业家才能。作为稀缺资源的企业家才能应该向经济效率最高的地方流动。依经济效率排序，商最高，工其后，农次之，而士基本上不提供产出（除了人文及文学方面的积累）。

但是如前所述，歧视性社会价值观念促使许许多多的商业家族成员"弃商从士"。为了提高社会地位，商人往往通过各种途径使其家庭成员治学、从政从而成为士人。[①] 以科举入仕为例，张宇燕和高程（2005）援引了一系列数据：晚明时期中国商人后裔占到进士和举人总数的3/4以上；明清两代共考取进士51 000人，其中商业最为兴旺的江南地区人数约占1/6，其中绝大多数都是商业富户子弟；而据《两淮盐法志·科举志》记载，明代两淮共取进士137名，大商人云集的徽、陕、晋籍占到106名，共取举人286名，徽、陕、晋籍商人子弟占了约70%。何

[①] 张宇燕和高程（2005，2006）认为，商人寻求和官僚的合作是为了在集权官僚体制下获得比较稳定的财产权，或者为了获取垄断收益，但这并不能解释商业家庭成员由商向文学艺术行业的人力资本投资转移，也不能解释商业资本向农村、建筑业尤其是公益事业的转移。

炳棣（1999）指出，人数约300或更少的盐商家庭，在顺治三年至嘉庆七年（1646—1802）间，造就了139个进士和208个举人。因此，明清时期，中国的"士"多出于商人家庭。而"商而优则仕"则意味着企业家才能的配置阻塞：商业中的大量优秀人力资源转而去治文艺之学或从政，因而不能把企业家才能这种宝贵的资源投向工业企业领域，是去分配财富和进行寻租而不是去创造价值。这是企业家才能的严重浪费，经济效率也被严重扭曲。

五、人口压力、劳动力配置与家庭生产的兴盛

大量的研究资料表明，明清时期中国人口整体上呈现迅速增加的态势。漆侠（1986）的研究表明，宋徽宗大观四年（1110）人口超过1亿，到清康熙、雍正以后人口激增，19世纪中叶已经达到4亿多人。而王玉如（2005）对近代中国的研究也提供了近似的数据：从18世纪30年代开始，中国人口以较快的速度增长，到19世纪中叶，中国人口已经突破4亿，据《清文宗实录》卷二十四记载，1850年为414 689 899人，而该年世界的全部人口据估计约为11.71亿，中国人口占世界人口的比重超过35%。并且王玉如进一步强调说，庞大的人口基数及其对土地造成的压力，以及人口和耕地比例问题的尖锐性，成为中国近代社会的一个基本特征。

麦迪森的《世界经济千年史》则提供了更为详尽的资料。1500—1820年期间，中国人口总量增长了2.7倍，年均人口增长率为0.41%；中国人口占世界的比重从1500年的28.8%迅速增长到1820年的39.6%，尤其是1700—1820年的仅仅一个多世纪

的时间里，中国的人口总量从 1.38 亿迅速上升至 3.81 亿，年均增长 200 多万人，年均增长率约 0.83%。实际上，1500—1820 年期间世界普遍开始进入人口的快速增长期，西欧的年均人口增长率和中国一样为 0.41%，英国为 0.53%；期间西欧人口总量增长了 1.3 倍，英国人口总量则增长了约 4.4 倍。所以，人口迅速增长是当时世界的整体趋势，中国也置身其中，如表 1 所示。

表 1 中国的耕地与人口变动

时期	耕地/百万亩①	人均耕地 I/亩	人口/百万	人均耕地 II/亩
汉朝	827（2）	13.88	59.6（0）	13.88
北宋早期	524（1021）	26.33	59（1000）	8.88
北宋晚期	462（1083）	18.49	105（1100）**	4.4
明朝早期	851（1393）	14.05	81（1400）**	10.51
明朝中期	623（1502）	12.23	103（1500）	6.05
明朝晚期	744（1602）	20.64	160（1600）	4.65
清朝早期	599（1701）	29.33	138（1700）	4.34
清朝晚期	925（1887）*	2.41	358（1870）	2.58

注：括号中的数字代表年份。

资料来源：* 来自赵冈和陈钟毅（2006）第 185 页；其余"耕地"数据以及所有"人均耕地 I"数据来自文贯中（2005）表一；** 来自文贯中（2005）图 1，其余"人口"数据来自麦迪森（2003）第 238 页表 B-10；"人均耕地 II"数据根据"耕地"和"人口"两栏计算得到；"人均耕地 I"数据明显与其他数据矛盾，此处摘引仅供比较和参考。

尽管随着朝代疆域面积的扩大，耕地面积经常会有一定程度的拓展（文贯中，2005），但由于人口增加的速度和规模更胜

---

① 1 亩 =666.67 平方米。

一筹，因此人地比例整体呈急剧下降趋势，表1比较全面地展现着这种图景。① 笔者将表1中的"人均耕地Ⅱ"一栏制成了图2，以求更直观地把这种趋势表现出来。除元朝及明初人口锐减时期人地比例在上升（疆域在扩展）以外，随着人口的锐增，明朝中期以后人地比例整体呈现下降趋势，即使是在人口减少的清朝早期也呈现了下降趋势。由于数据选取的时间跨度比较大，以及耕地数据的不精确性，所以不排除期间还有其他波动的情形。但整体而言，人地比例恶化的趋势是非常明显的。

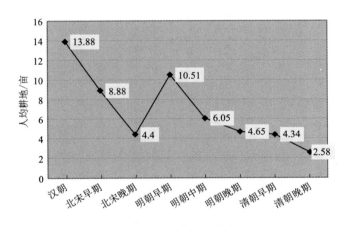

图2 人均耕地的变动

在人地比例严重失调的情况下，每家每户都有不少剩余劳动力要安排。但在人口过剩时，劳动力的边际产出会低于其最低生存成本。而最低生存成本是手工工场所支付雇用工资的最低限，如果工人的边际生产力比这个最低限还要低，那么工场就不会雇用工人。以现代的语言来说就是，如果连可变投入都无法补

---

① 文贯中（2005）表一所引用梁方仲《中国历代户口、田地、田赋统计》（上海人民出版社1980年版本）中的人均耕地数据（即本文表1中的"人均耕地Ⅰ"一栏）存在明显的逻辑谬误；如果继续比较文贯中文中表一与图一引用的人口数据，会发现同样的矛盾。

偿，那么工场的最优选择就是停产。所以，这些剩余劳动力只能留在家中由家庭奉养，他们由社会中的可变成本化身为家庭生产的可变成本。这种状态下，他们的机会成本近乎零，用他们生产任何东西基本都要比直接购买划算，能赚一文是一文。因此，各家各户都会选择几样比较适合的副业生产来利用这些剩余劳动力。①也就是说，人口过剩导致农村剩余劳动力没能进入手工工场。

这样到了明清两朝，在巨大的人口压力下，各地快速出现了非农业生产的手工业化和家庭化趋势，副业生产与农业生产的劳动力比例越来越高。②手工业工场受到了家庭生产的排斥，尤其是在那些具有如下特点的行业：资金、技术门槛低，不存在显著的规模经济，不需要多人协同操作，生产过程非连续，其中以棉纺织业最为显著。在中国传统手工业的重要部门中，唯独棉纺织业在19世纪80年代以前没有任何手工工场的确切记载。明清时期绝大多数的棉布产量由农村住户的家庭副业生产，农户们往往动员家中包括老妪幼童在内的所有的固定劳动力日夜纺织，并且出现了与家庭生产相适应的包买主制，家庭生产者以成品向包买商换取原料，而后者通过进行产出的集中以形成供给。但是，这些资金雄厚的布商没有一个人肯抽出部分资金来兴办手工

---

① 需要指出的是，这种通过家庭工业化来容纳新增劳动力的解决思路与20世纪后期我国城市化进程中出现的"进厂不进城，离土不离乡"的农村工业化（乡镇企业）的路径偏离现象十分类似，只不过原因不一样。前者是歧视性价值观念导致投资阻塞致使发展路径出现偏离，而后者则是由城乡隔绝的二元户籍政策造成的迁移壁垒导致了城市化进程的路径偏离。
② 等级分工伦理观和轻商贱商的歧视性社会思想也在一定程度上影响着劳动力的配置，导致农业容纳了相对过多的劳动力。据曹幸穗（1996：P47-48）的研究，近代后期工商业投资的平均利润率在40%左右，是土地投资最高利润率的3倍。这就反映了农业劳动力处于相对过多的非均衡状态。但是，如果社会思想偏向不太严重，劳动力配置所受的影响并不十分强烈，市场经济的"无形之手"会自发地纠正资源配置的失衡状态，引导更多的人力资源"舍本逐末"，最终使各产业的报酬率趋于平均化。正所谓"天下熙熙，皆为利来，天下攘攘，皆为利往"。

棉纺织工场,至多出资经营某些家庭工业无法胜任的轧花等加工程序。①

对于家庭生产及家庭非农副业的发展,麦迪森也有相同的判断:

> 中国的农户在耕作之外,还进行许多劳动密集型的生产活动。他们在小池塘养鱼,用草和其他植物做原料。重要的"工业"活动都是以农户为中心展开的。纺纱织布、缝衣制革在很大程度上都是家庭的生产活动。这样的活动还包括榨油、碾米和磨粉,茶叶的干燥和加工;烟草产品、酱油、蜡烛和桐油、果酒和烈酒以及秸秆、藤条和竹制品的制作。此外制造砖、手推车和小船以及建造房屋也是农村里的重要生产活动。……所有这些非农业活动似乎在宋朝时(960—1280)得到进一步加强……在19世纪时,远超过四分之一的GDP来自传统的手工业、运输、贸易、建筑和房地产服务,其中的大部分都是在农村地区进行的。很可能他们在1500年时的相对重要性与在1820年时完全一样。(麦迪森,2003: P249)

六、资源配置阻塞与中国工业发展路径:李约瑟之谜新解

手工工场的工业化发展一般有两个方向:第一个方向是资本密集型的规模集约扩张,其特征是大量的工业资本积累、大机器(机器替代人力),沿着这个方向发展下去就是工业革命,欧洲的工业革命就是以机器代替人力为开始发展资本密集型的技术和工业的;第二个方向是基于劳动力密集型的规模粗放扩张,是指通过简单扩大各种要素和劳动力投入来扩大

---

① 这里参考了赵冈和陈钟毅(2006)P410-428中的内容。

规模。

工业化需要大规模的资本积累，尤其是资本密集型行业的集约扩张。中国在封建社会后期尤其是明清时期并不缺乏资金，但是，传统的"士农工商"等级分工伦理观在持续抑商政策的强化下演变成全社会"轻商、贱商"的歧视性价值观念，进而导致了民间商业资本对手工业的投资阻塞；为了获得心理补偿，为了获得社会的认可与应有的尊重，商人群体把巨额的商业资金投向农村购地建宅，以及投资于"由商转士"，从而工业无法获得资本积累。① 在当时，那些优秀的商业家族成员及其后裔是最为可能的潜在企业家，但这些最优秀的人才和他们的企业家才能却在"由商转士"的过程中被社会浪费掉了——除了资本，企业家才能也是资本密集型工业集约扩张的必要支持要素。② 因此，在两宋时期有过长足发展的中国手工业到明清时期基本上已然停滞（赵冈和陈钟毅，2006：P410）。③ 以金属矿冶为例，艾德荣（2005）援引 Hartwell 的数据显示，11 世纪的宋朝人均铁产量比之前有近两倍的增长，但到了明清时代，铁的人均产量下降了 50%，而铜、铅及锡的人均产量都有非常明显的下降（接近零产量）。

再看工业的粗放扩张。明清时期巨大的人口过剩压力导致了人地比例的恶化和剩余劳动力边际产出的显著下降，剩余劳动力

---

① 还有其他一些因素可能也影响着投资阻塞。从外因上看，政府也缺乏扶持工业发展的应有的财力。正如王业键指出的，清政府可用的税收收入仅占国内生产总值的 2%，况且其中大部分都用于支持朝廷运作和军队开销（帕金斯，2005）；而民营手工业内部家庭技术保密制度（传内不传外、传男不传女等）也制约了工厂规模的扩大（赵冈和陈钟毅，2006：P413–414）。

② 除了资本、企业家才能，工业的集约扩张还需要经验性技术革新的支持。理论界普遍认为，明清时期中国的经验性技术与西方相比并不落后，甚至 19 世纪中叶以前某些技术还领先于西方（科大为，2000）。

③ 手工业停滞是从人均手工业产量的意义上来理解的，指人均产量没有明显增加。随着人口的增加，明清时期手工业总量也在增加。

大量进入家庭从事农村副业生产。家庭生产的发达使劳动力密集型工业部门受到排斥并萎缩,其中以棉纺织业最为显著。明清时期中国拥有全球最大的棉布市场,但却没有一家棉纺织工厂,所有的棉布都是由45%的农户以农村副业的方式生产出来的(赵冈和陈钟毅,2006:P411)。所以,随着劳动力的大量涌入,在劳动力密集型行业中工业生产被家庭生产所排斥,导致这些工业部门萎缩甚至消失。以劳动力密集为特征的家庭生产成为当时重要的经济形式,在19世纪贡献了超过1/4的GDP(麦迪森,2003:P249)。

所以,明清时期中国手工业的发展出现了分化。一方面,资本密集型工业部门(如陶瓷、矿冶等)由于无法获取资本积累和企业家才能而趋于停滞。尽管它们"无论就资金额、工人数目、组织形态、技术水平而言,都已极接近工业革命的西方新兴工业"(赵冈和陈钟毅,2006:P428),但商业资本和企业家才能的配置阻塞使它们最终没能发生工业革命——因此出现了李约瑟之谜。另一方面,劳动力密集型工业部门(如棉纺织业等)则受到家庭生产的排斥而显著萎缩。所以,受资源配置阻塞的影响,14世纪之后的中国既没能通过工业革命走向西方式的资本密集型的现代资本主义道路,也没能走上基于劳动力资源比较优势的劳动力密集型资本主义道路——若走通了可能会发展成为具有中国特色的资本主义道路,而是走上了一条家庭生产和传统手工业的混合道路。随着清末西方列强的入侵,这条道路也被迫中断了。

基于以上分析,笔者初步勾勒出了关于资源配置与中国工业发展路径的解释性框架,如图3所示。李约瑟之谜也可以在该框架内得到较好的解释。

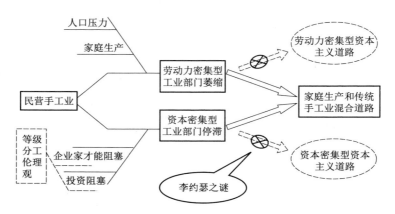

图3 资源配置阻塞与中国工业发展路径

七、总结

  李约瑟之谜旨在探索工业革命为何没发生在条件已然具备的中国，探索中国为何没能走上资本主义道路。现有研究从四个视角对李约瑟之谜进行了解答：思维和观念视角、地理环境视角、人口与资源视角、制度与技术视角。在对这些研究进行批判性借鉴的基础上，本文尝试从资源配置阻塞视角来解答李约瑟之谜，这些资源包括资本、企业家才能和劳动力。而造成诸种资源配置阻塞的原因主要在于中国传统的"士农工商"等级分工伦理观和明清时期迅速增长的人口压力。

  中国自古就存在带有强烈歧视色彩的等级分工伦理观：社会有"士农工商"四民，社会地位依次递减；业有本末之别，农为本，商为末。在各朝绵延持续的抑商政策的强化下，等级分工伦理观演化为全社会的普遍价值观，对商业和商人的歧视性价值观念如"轻商、贱商"等成为社会正统价值观的重要部分。在这种歧视性社会价值观念为主导的环境中，商人群体得不到与其贡献相匹配的社会地位和社会尊重。为了获得这些重要的无形收益，商人们把巨额的商业资本投向农村购地建宅，或者投资于"由商转士"，而并没有为工业进行资金积累，这就出现了投资阻塞效应；同时，"由商转士"意味着大量优秀的人力资源被用去治文艺之学或从政，从而大量珍贵的潜在的企业家才能被阻塞在工业企业领域之外。这是明清时期中国之所以没有发生工业革命，进而没能在资本主义萌芽基础上更进一步的主要原因——可以称之为李约瑟之谜的资源配置阻塞解。同时，明清时期中国人口整体上呈现迅速增加的态势，这导致了人地比例的严重失调和剩余劳动力边际产出的明显下降。因此，各家各户纷纷选择发展家庭生产来养活这些剩余劳动力。于是家庭生产迅速发展，客观上"占用"了工业部门潜在的劳动力资源，并且导致了劳动力密集型工业部门的萎缩。因此历史后期中国的经济发展转向了家庭工业和手工工业相结合发展的道路，资本主义萌芽没能开花结果。

回顾和研究历史，不仅是为了解释过去，更重要的是能够为当前和将来中国的经济腾飞以及国际竞争力的提高提供借鉴。从资源配置视角来看，中国经济今天仍然存在诸多障碍因素：广大具有活力的民营及中小企业无法获得正规的信贷支持，同时居民手中的巨额资金却只能储蓄、购房以及"投资"于极不健全的股市；公务员仍然是高校毕业生的首选择业目标，对各级政府及其事业单位的公关能力也成为当前企业家才能中的重要内容；制约人口流动的户籍及福利政策依然是铁板一块，等等。如果说工业时代的发展差距还可以追赶，那么信息和知识时代的差距将非常难以掌控。因此对于中国今天和将来的发展而言，解除限制资源自由配置的各种障碍，不但重要，而且迫切！

参考文献

[1] 文贯中. 中国的疆域变化与走出农本社会的冲动：李约瑟之谜的经济地理学解析[J]. 经济学（季刊），2005，4（2）：521-542.

[2] Lin, Justin Yifu. The Needham Puzzle: Why the Industrial Revolution Did Not Originate in China? [J]. Economic Development and Cultural Change, 1995, 43（2）：269-292.

[3] 林毅夫. 李约瑟之谜、韦伯疑问和中国的奇迹[J]. 北京大学学报（哲学社会科学版），2007，44（4）：5-22.

[4] Elvin Mark. The Pattern of the Chinese Past [M]. Stanford: Stanford University Press, 1973.

[5] 姚洋. 高水平陷阱：李约瑟之谜再考察[J]. 经济研究，2003（1）：71-79.

[6] 皮建才. 李约瑟之谜的解释：我们到底站在哪里？[J]. 经济学（季刊），2006，6（1）：309-324.

[7] 张宇燕，高程. 海外白银、初始制度条件与东方世界的停滞[J]. 经济学（季刊），2005，4（2）：491-518.

[8] 艾德荣. 职权结构、产权和经济停滞：中国的案例[J]. 经济学（季刊），2005，4（2）：541-562.

[9] North, Douglas. Structure and Change in Economic History [M]. New York: W.W. Norton & Company, 1981.

[10] 韦森. 斯密动力与布罗代尔钟罩[J]. 社会科学战线，2006（1）：72-85.

[11] 麦迪森著. 世纪经济千年史[M]. 伍晓鹰，等，译.

北京：北京大学出版社，2003.

［12］钱穆. 国史新论［M］. 北京：生活·读书·新知三联书店，2001.

［13］黄仁宇. 资本主义与二十一世纪［M］. 北京：生活·读书·新知三联书店，1997.

［14］Diamond, Jared. Guns, Germs and Steel: The Fate of Human Societies［M］. New York and London: W.W. Norton & Company, 1999.

［15］文贯中. 李约瑟之谜与经济地理学的启示［J］. 经济学（季刊），2006，6（1）：325-336.

［16］赵冈，陈钟毅. 中国经济制度史论［M］. 北京：新星出版社，2006.

［17］曹幸穗. 旧中国苏南农家经济研究［M］. 北京：中央编译出版社，1996.

［18］杨德才. 正式制度、非正式制度与商业资本转化［J］. 福建师范大学学报（哲学社会科学版），2006（6）：139-143.

［19］张宇燕，高程. 阶级分析、产权保护与长期增长［J］. 经济学（季刊），2006，6（1）：337-348.

［20］科大为. 中国的资本主义萌芽［J］. 中国经济史研究，2002（1）：57-67.

［21］胡寄窗. 中国经济思想史简编［M］. 北京：中国社会科学出版社，1981.

［22］刘颜东. 抑商还是重商：中国古代商业政策再认识［J］. 云南社会科学，2004（6）：134-138.

［23］何炳棣. 扬州盐商：十八世纪中国商业资本的研究［J］. 中国社会经济史研究，1999（2）：59-76.

[24] 葛荣晋. 明清实学与中国资本主义[J]. 人文杂志, 2003（1）: 37-43.

[25] 叶坦. 宋代浙东实学经济思想研究[J]. 中国经济史研究, 2000（4）: 102-113.

[26] 刘淼. 从徽州明清建筑看徽商利润的转移[J]. 江淮论坛, 1982（6）: 21-29.

[27] 漆侠. 宋代社会生产力的发展及其在中国古代经济发展过程中的地位[J]. 中国经济史研究, 1986,（1）: 29-52.

[28] 王玉茹. 中国近代的经济增长和中长周期波动[J]. 经济学（季刊）, 2005, 4（2）: 461-490.

[29] 帕金斯. 从历史和国际的视角看中国的经济增长[J]. 经济学（季刊）, 2005, 4（4）: 891-912.

STEM 教育理念及其科技馆的实践初探

庞晓东[①]

一、STEM 教育的概念与兴起

STEM，即科学、技术、工程、数学的英文 Science、Technology、Engineering、Mathematic 的首字母缩写。STEM 教育，即通过科学、技术、工程、数学等学科的融合，提高学生科技理工方面的综合素养，以适应和促进社会发展的一种教育。关于 STEM 教育的概念，我们可以从广义和狭义两个方面来理解，广义的 STEM 教育可以视为一种教育理念，即为了适应未来社会发展的需要，倡导进行学科整合和融合，开展跨学科教育，从而提高学生的 STEM 素养，培养复合型、创新型人才，是一种社会取向的实用主义教育观。狭义的 STEM 教育即 STEM 教育方法，也就是 STEM 教育的具体组织形式和实施方式。STEM 教育起源于美国，是美国面向新的世纪，为了保持在全球的科技领先地位而进行的教育变革，其缘起可以追溯到 1957 年苏联卫星上天给美国教育界带来的强烈冲击。一般认为，美国国家科学基金会（National Science Foundation）于 1986 年发布的《本科的科学、数学和工程教育》（Undergraduate Science, Mathematics and Engineering Education）[②]，

[①] 中国科技馆副馆长，博士，主要研究方向为科技馆教育、科普理论与实践。
[②] https://www.nsf.gov/nsb/publications/1986/nsb0386.pdf。

首次明确提出了"科学、数学、工程和技术教育集成"的概念，被视为 STEM 教育的开端，具有里程碑的意义。这一报告关注的是大学本科教育，针对大学本科教育中存在的问题，提出要重视科学、数学、工程和技术教育，为国家发展提供人才保障。这之后，美国陆续发布了几十个促进 STEM 教育的法律、计划、标准、战略、愿景、备忘录等文件，极大地推进了 STEM 教育的发展，教育对象也从高等教育领域逐步扩展到了 K-12 阶段。例如，1996 年发表的《塑造未来：透视科学、数学、工程和技术的本科教育》(Shaping the Future: Perspectives on Undergraduate Education in Science, Mathematics, Engineering and Technology)[1]，明确提出要大力发展和培养 K-12 阶段科学、数学、工程和技术学科的师资队伍，并提出了相关的对策建议。2011 年发表的《成功的 K-12 阶段 STEM 教育：确认科学、技术、工程和数学的有效途径》(Successful K-12 STEM Education: Identifying Effective Approaches in Science, Technology, Engineering, and Mathematics)[2]，提出了针对 K-12 阶段学生的 STEM 教育的目标和标准，进一步推动了青少年 STEM 教育的发展。

经常被提及并用来证明 STEM 教育的重要性的，是美国国会和历届政府对 STEM 教育的重视与支持。从某种意义上讲，美国的 STEM 教育是美国政府从国家利益出发而大力推行的教育变革，是以联邦政府作为教育行动的主体，在全美持续推进的一项长期性的战略规划。按照美国的教育体制，这种做法是不多见的。2006 年，布什政府发布了《美国竞争力计划》

---

[1] https://files.eric.ed.gov/fulltext/ED404158.pdf.
[2] http://sites.nationalacademies.org/cs/groups/dbassesite/documents/webpage/dbasse_071100.pdf.

（American Competitiveness Initiative）[①]，提出培养具有STEM素养的人才，保持美国在全球的竞争力。2007年，美国国会通过了《美国竞争法案》（America COMPETES Act）[②]，该法案全称为《美国创造机会以有意义地促进技术、教育和科学之卓越法》（America Creating Opportunities to Meaningfully Promote Excellence in Technology, Education, and Science Act），因为除了第一个和最后一个单词外，首字母组合为"COMPETES"而得名，也有人称"美国卓越法案"，被认为是美国关于STEM教育的第一部正式法案。这之后美国发布了一系列促进STEM教育的计划、战略规划和法案，推动STEM教育的深入开展。比如：2010年，发布《2010美国竞争再授权法》（The America COMPETES Reauthorization Act of 2010）[③]，将增加财政拨款支持STEM教育写进法案。2011年，推出新版的《美国创新战略》（A Strategy For American Innovation: Securing our Economic Growth and Prosperity），提出为了赢得未来，美国必须在创新、教育和建设上超越其他国家[④]。2013年，发布《联邦STEM教育五年战略计划》（Federal Science, Technology, Engineering, and Mathematics (STEM) Education 5-Year Strategic Plan）[⑤]，对美国未来5年STEM教育发展战略目标、实施路线、评估指标做出了明确部署。2015年，发布《2015 STEM教育法案》（Stem Education Act of 2015）[⑥]，

[①] http://www.uvm.edu/EPSCoR/pdfFiles/American_Competitiveness_Initiative.pdf.
[②] http://www.wipo.int/edocs/lexdocs/laws/en/us/us299en.pdf.
[③] https://www.technologylawsource.com/2010/05/articles/nanotechnology/the-america-competes-reauthorization-act-of-2010/.
[④] https://www.researchgate.net/scientific-contributions/2094566767_National_Economic_Council.
[⑤] https://obamawhitehouse.archives.gov/sites/default/files/microsites/ostp/stem_stratplan_2013.pdf.
[⑥] https://science.house.gov/sites/republicans.science.house.gov/files/STEM%20Education%20Act%20One-Pager.pdf.

明确把在国家科学基金会、能源部、国家航空航天管理局等部门领域中应用的计算机技术定义为 STEM 教育的重要内容，并通过立法的形式强调了 STEM 教育的重要性和战略规划目标及实施主体。2016 年，发布《STEM 2026：STEM 教育创新愿景》（STEM 2026:A Vision for Innovation in STEM Education）[①]，从实践社区、活动设计、教育经验、学习空间、学习测量、社会文化环境六个方面提出了 STEM 教育的愿景规划。为推动 STEM 教育的发展，奥巴马政府还专门成立了"STEM 教育委员会"（Committee on STEM Education）。以"STEM"为关键词在白宫的官网上检索奥巴马当政期间的文献，可以得到 2 086 个结果。特朗普也非常重视 STEM 教育，2017 年 9 月签署了《总统备忘录》（Presidential Memorandum for the Secretary of Education）[②]，强调了 STEM 教育的重要性，总结了美国 STEM 教育的不足，提出要把建立高质量的 STEM 教育，特别是计算机科学教育，作为教育部的优先事项。每年为 STEM 教育项目提供 2 亿美元的资助，以增加学生获得高质量的科学、技术、工程和数学（STEM）教育的机会。美国政府对 STEM 教育的经费支持力度非常大，2016 年对 STEM 教育的投资超过 30 亿美元，比 2015 年增加了 3.6%。2017 年有 40 亿美元的额定资金投入到 STEM 教育中，并提供超过 30 亿美元作为联邦政府的自由支配资金，可对 STEM 教育项目进行自主投资。可以说这种政策支持力度是非常大的，美国历届政府对 STEM 教育的重视程度可见一斑。

---

① https://www.air.org/system/files/downloads/report/STEM-2026-Vision-for-Innovation-September-2016.pdf.

② https://www.whitehouse.gov/presidential-actions/presidential-memorandum-secretary-education/.

二、STEM 教育的相关问题

STEM 教育源于美国，我们有必要以美国为例，把 STEM 教育的目的、特征、对象、目标、种类、方式、难点、实施等相关问题做一梳理，以便我们对 STEM 教育有一个全面的认识。如前所述，如果简单概括美国开展 STEM 教育的目的，那就是要保持美国的全球领先地位。STEM 教育最基本的特征是学科整合的跨学科教育。从目前的情况看，整合的主要方式是有一个主导学科（anchor discipline），通过主导学科扩展整合其他学科。主导学科可能是以技术为主导学科，也可能是以数学或其他学科，视具体项目或课程而定。美国 STEM 教育的对象主要针对 K-12 阶段的学生和本科生、研究生开展，不同的阶段有不同的目标，K-12 阶段培养学生的科学、技术、工程和数学技能，为其在 21 世纪科技经济中获得成功做准备；提高学生在 STEM 教育中的参与度，使学生认识到 STEM 教育对生活的价值[①]。K-12 学校实施 STEM 教育的目标主要有 3 个：学习 STEM 知识及实践，培养学生对 STEM 学科的兴趣，让学生成为终身学习者。在本科、研究生阶段开设专门的 STEM 专业，以培养相关领域的复合型、创新型人才。美国的 STEM 教育模式大体上可以分为校内 STEM 教育和校外 STEM 教育，也可分为正规 STEM 教育和非正规 STEM 教育，还有学者从教育表现形态上，将 STEM 教育划分为资讯型科普教育、嵌入式课程、项目型课程、整合性学科四

---

① 上官剑，李天露. 美国 STEM 教育政策文本述评 [J]. 高等教育研究学报，2015（2）：64–72.

种，并将其分为四个层次①。资讯型科普教育为第一层次，学生通过各种社会化信息资源获得 STEM 知识和科普教育。嵌入式课程为第二层次，是将传统的知识型课程通过嵌入工具、问题与项目改造为准能力型课程，课堂采用模拟式、探究式、辩论式、创作式和案例式等教学形式以及"翻转课堂"等模式，培养学生的跨学科思维、问题解决能力、工程设计思维、数学和科学素养等 STEM 技能。项目型课程为第三个层次，通过设计真实问题的项目，让学生亲身体验运用项目设计思维解决实际问题的整个流程。这些项目需要学生运用多个学科的知识与技能。学生在项目学习过程中，既能用到先前的知识，体验工程方法，锻炼科学思维和技术能力，又能获得进一步的认知提升和能力发展。比如常见的 Triz 培训项目②、创客教育项目等。整合性学科为第四个层次，针对分科课程依据知识的门类分科设置，表现出割裂、孤立的缺点，将 STEM 教育作为一个专门的学科进行规划和设计，从而更好地实现培养具有数学知识、科学素养、工程设计能力和技术应用能力等核心素养人才的目标。美国的 STEM 教育强调从问题出发、从生活实践出发，在解决"真实问题"中培养 STEM 素养和创新能力，强调"做中学"和兴趣的培养。近年来，美国也在不断扩展 STEM 教育的内容，产生了一些新的形式。比如：强调并加入"艺术（Art）"内容，成为 STEAM 教育。目前，美国在推进 STEM 教育中，最大的制约还是师资和课程。一是师资不足，原有的教育基本上都是学科划分，老师在自己的专业领域中发展，能够适应 STEM 教育跨学科要求的师资很少；二是

---

① 祝智庭，雷云鹤. STEM 教育的国策分析与实践模式［J］. 电化教育研究，2018（1）：75-85.
② 俄文"发明问题解决理论"的首字母缩写，对应英文为 Theory of Inventive Problem Solving。

缺少优秀的STEM课程、教案和项目，这类课程或项目要求很高，特别是课程，在某种意义上是一个跨学科的新兴学科的构建，不是一朝一夕可以完成的。美国STEM教育的推进是以政府为主体，政府、学校、家庭、相关社会组织共同推进。根据美国《2015 STEM教育法案》的规定，在STEM教育方面担负法定义务的机构有：国家科学基金会、能源部、国家航空航天管理局、国家海洋和大气管理局、国家标准和技术研究所以及环境保护局等。

三、STEM教育在中国的发展

毫无疑问，STEM教育在中国是"舶来品"，STEM教育的理念大约在本世纪初开始影响我国。有学者考证，2007年秦炜炜发表在《教育技术资讯》上的《全球化时代美国教育的STEM战略》为在国内学术刊物上发表的第一篇关于STEM教育的学术性文献[1]。STEM教育虽然在我国起步较晚，但是发展极其迅速。从研究领域看，以"STEM教育"为关键词，在"中国知网"可以检索到292篇文献[2]。研究内容主要集中在对STEM的概念、特征、模式等的介绍以及国外情况对我国的启示等方面，目前还处于研究的起步阶段。值得一提的是，北京师范大学教育技术学院分别于2012、2016年成功承办了第二和第四届STEM国际教育大会[3]，第二届大会主题为"STEM教育中的教学创新与跨学科研究"，探讨了STEM教育理论框架、多学科教学方法、课程

---

[1] 蔡海云.STEM教学模式的设计与实践研究[D].上海：华东师范大学，2017：6.
[2] 检索时间为2018年5月20日。
[3] STEM国际教育大会由澳大利亚昆士兰科技大学发起，每两年举办一次，首届大会于2010年在澳大利亚布里斯班举行。

设计、不同教育层次中的教育实践经验、教师专业发展、学生发展、创新技术支持、国际合作研究等方面的问题①。第四届以"连接正式与非正式的 STEM 教育"为主题,探讨了 STEM 教育技术创新、学生职业选择、STEM 教师教育与培训、STEM 教学设计与实践、STEM 学习理论、不同教育阶段中的教育实践经验与评估等问题。以上两次会议,推动了中国 STEM 研究与实践的深入开展。2017 年 6 月,中国教育科学研究院成立了"STEM 教育研究中心",并于当月与成都电子科技大学联合主办了第一届"中国 STEM 教育发展大会",本次会议以"STEM 中国:新战略、新课改、新高考"为主题,有来自大学、中学、小学的领导和教师代表共 800 余人参加。与会代表着眼国家教育发展战略导向、新课程改革总体方向和中小学考试评价的最新动向,围绕 STEM 教育理论与政策、STEM 课程与核心素养、STEM 教育与高考改革、STEM 教师专业发展、STEM 教育产品与标准等主题进行了深入研讨和交流②。大会还发布了《中国 STEM 教育白皮书》③,启动了"中国 STEM 教育 2029 创新行动计划",提出开展 7 个方面的工作:促进 STEM 教育政策顶层设计,实施 STEM 人才培养畅通计划,建设资源整合和师资培养平台,建设 STEM 课程标准与评价体系,努力打造一体化 STEM 创新生态系统,打造服务经济的教育与人才战略高地,推广 STEM 教育成功模式。STEM 教育研究中心的成立和《中国 STEM 教育白皮书》的发布,标志着中国 STEM 教育研究与实践探索进入一个新的阶段。在实践层面,一些学校、科技馆等科普机构、社会培训机构也

---

① 丁杰,蔡苏,江丰光,余胜泉. 科学、技术、工程与数学教育创新与跨学科研究——第二届 STEM 国际教育大会述评[J]. 开放教育研究,2013(2):41–48.
② http://www.nies.net.cn/xw/wyxw/201706/t20170621_324761.html.
③ http://www.360doc.com/content/17/0620/21/31390495_664984559.shtml.

在积极探索，开展了一系列 STEM 教育培训活动和项目。在国家政策层面，STEM 教育开始被纳入了相关规划。有趣的是，我国的 STEM 教育进入政府文件，是从教育技术手段应用方面提出来的，并且提到的是"STEAM"教育。2015 年 9 月教育部办公厅发布的《关于"十三五"期间全面深入推进教育信息化工作的指导意见（征求意见稿）》中提出："有条件的地区要积极探索新技术手段在教学过程中的日常应用，有效利用信息技术推进'众创空间'建设，探索 STEAM 教育、创客教育等新教育模式，使学生具有较强的信息意识与创新意识，养成数字化学习习惯"①。并在 2016 年 6 月正式发布的《教育信息化"十三五"规划》中强调："有条件的地区要积极探索信息技术在'众创空间'、跨学科学习（STEAM 教育）、创客教育等新的教育模式中的应用，着力提升学生的信息素养、创新意识和创新能力，养成数字化学习习惯，促进学生的全面发展，发挥信息化面向未来培养高素质人才的支撑引领作用"②。2016 年 2 月国务院办公厅发布的《全民科学素质行动计划纲要实施方案（2016—2020 年）》中提出：增强中学数学、物理、化学、生物等学科教学的横向配合。修订普通高中数学、物理、化学、生物、地理、信息技术、通用技术课程标准实验教材，鼓励普通高中探索开展科学创新与技术实践的跨学科探究活动③，体现了 STEM 教育的思想和理念。2017 年 2 月教育部印发《义务教育小学科学课程标准》中明确提出："倡导跨学科学习方式。科学（Science）、技术（Technology）、工程（Engineering）与数学（Mathematics），即 STEM，是一种以项目学习、问题解决为导向的课程组织方式，它将科学、技术、

---

① http://www.moe.gov.cn/srcsite/A16/s3342/201509/t20150907_206045.html.
② http://www.moe.gov.cn/srcsite/A16/s3342/201606/t20160622_269367.html.
③ http://www.gov.cn/zhengce/content/2016-03/14/content_5053247.htm.

工程、数学有机地融为一体,有利于学生创新能力的培养。科学教师可以尝试运用于自己的教学实践"[①]。总的来讲,STEM 教育在我国正越来越受到政府部门和社会各界的重视,正在以各种形式进入政府的政策体系。

四、STEM 教育在科技馆的探索实践

科技馆是面向公众开展科技教育的专门场所,我国的科技馆从类型上讲,基本上都属于国外的"科学中心(Science Center)",其主要特点就是展品展项大多为专门研制开发的、能生动形象地展示某一科学原理和揭示某一科学现象的装置,展品展项强调生动有趣与现象明显,可以动手参与互动。笔者认为,科技馆是开展 STEM 教育的理想之所,主要理由至少有五个方面:一是科技馆教育与 STEM 教育有相同的教育理论指导。科技馆教育与 STEM 教育的思想都源自杜威的实用主义教育思想,强调"做中学",在活动、探索中学习。科技馆为观众提供了进行基于展品的探究式学习情境,使观众获得关于展品科技知识的直接经验。STEM 教育也强调实践,通过解决具体问题提升创新能力。二是科技馆教育与 STEM 教育具有相似的教育目标。科技馆教育目标分为三个层次,即"知识与技能,过程与方法,情感、态度、价值观"的"三维化"教育目标。STEM 教育的主要目标是提升 STEM 素养,包含 STEM 知识、能力、思维和态度四个方面。从中看出,几乎是同一意思的不同表达。三是科技馆教育与 STEM 教育采用相同的教育方法和手段。比如:在国际上认同度较高的"5E 教学模式"(The 5E Instructional Model),即包括

---

① http://www.moe.edu.cn/srcsite/A26/s8001/201702/W020170215542129302110.pdf.

引入（Engagement）、探究（Exploration）、讨论（Explanation）、阐述（Elaboration）和评价（Evaluation）5个环节[①]。在科技馆的教育活动和STEM教育活动中均有应用。另外，比如"创客教育"，也被广泛应用于科技馆和STEM教育实践之中。四是科技馆的展品展项，需要通过综合应用机械、电子、多媒体等多种"跨学科"的展示技术和手段，去展现一定的科学原理，要求现象明显、生动有趣，本身就是一个很好的STEM作品。公众与展品展项的互动过程，就是能体现STEM教育理念的跨学科探究过程。五是科技馆在开展科技教育方面有丰富的实践，可以为STEM教育提供丰富的案例。也可以说科技馆的教育活动就是STEM教育的一种有效形式。有学者提出，国内融合课内外教育STEM教育有3种形式：与课内科学课程相对应的STEM项目——基于科学情境，结合技术与工程活动；与综合实践和通用技术课程项目对应的STEM项目——基于工业情境，融合科学问题与工程技术；课外开展的STEM教育项目——基于生活情境，巧妙结合科学、技术和工程问题[②]。STEM教育的方式之一，就是通过与当地的博物馆、科技馆等可以支持STEM教育的场馆进行合作，把学校教育延伸到场馆教育中[③]。

近年来，以中国科技馆为代表，全国的科技馆也在积极行动，从理论与实践两个层面探索科技馆的STEM教育之路，取得了一些有益的进展。中国科技馆依托丰富的展品资源，在展品展

[①] Bybee, R., &Landes, N. M. (1990). Science for life and living: An elementary school science program from Biological Sciences Improvement Study (BSCS). The American Biology Teacher, 52 (2): 92-98.
[②] 叶兆宁，周建中，郝瑞辉，凡霞，叶艳，陈彧. 课内外融合的STEM教育资源开发的探索与实践[C]. 第十六届中国科协年会——分16以科学发展的新视野，努力创新科技教育内容论坛论文集，2014.
[③] 赵兴龙，许林. STEM教育的五大争议及回应[J]. 中国电化教育，2016 (10): 62-65.

项辅导、科学实验表演、科普讲座、科普培训、专题活动、科普竞赛、即时展览、临时展览等丰富的展教活动的基础上，引入 STEM 教育的理念，开展了一系列的 STEM 教育探索，开设了"探索驿站""科学 Subway""创客工坊""电磁手拉手""玩转科学吧""信息初体验"等一系列的项目。这些项目在设计过程中，注重把 STEM 教育的理念与科技馆的特点和优势结合起来，取得了很好的效果。比如：2016 年开展的"建设我的月球基地"就是一项基于 STEM 教育理念的教育活动尝试。该项目可以总结为科学实践主题的提取和选择、跨学科概念和核心概念的梳理、基于实践的建构主义教学设计和学习评价 4 个环节的科技馆 STEM 课程设计流程[①]。首先，强调真实的科学实践情境，要求学生每 4 人分为一组，需要在限定时间内依据一定材料，完成月球车大探险和月球车登陆两个任务，并以团队的形式进行比拼。其次，在项目设计时梳理了"跨学科概念"和"核心概念"，"跨学科概念"包括系统和系统模型、能量和物质、结构和功能等部分；核心概念主要集中在物质科学领域，如斜面的受力分析、自由落体运动时阻力的影响因素等。再次，在教学设计方面，学习任务基于月球车大探险和月球登陆两个任务驱动，引导学生提出问题：如何设计月球车才能实现成本最低、行驶距离更远；如何构造登陆器才能保证耗用最少、安全系数最高。学习活动设计包括背景经验活动、工程设计活动、团队竞赛和分享交流 4 个部分。最后，学习评价采用形成性和终结性相结合的评价方式。对学生设计出的月球车和登陆器进行成本、距离、精度和生存能力进行形成性评价。同时要分析设计的关键点，对比各组的优劣势，形

---

① 张彩霞. STEM 教育核心理念与科技馆教育活动的结合和启示［J］. 自然博物馆研究，2017（1）：31-38.

成综合评价。本活动很好地激发了学生的参与主动性，取得了很好的实践效果。各地科技馆也进行了一系列有益的探索实践。比如：上海科技馆运用建构主义教学模式，基于 STEM 教育理念，利用本馆地壳探秘展厅中的地震、火山爆发体验、地动仪等展品，开展具有本馆特色的 STEM 教育活动[①]。还通过组织"羊年生肖展"等项目，探索 STEM 教育在国内科技馆教育活动中的实现方式[②]。黑龙江科技馆以"小球旅程知多少"展品教育活动为例，探讨在 STEM 教育理念下科技馆依托展品开展教育活动的意义、特点及一般规律，提出要基于科学情境，结合科学、技术和工程问题，将传统的展品教育活动转化为体现 STEM 理念的教育活动[③]。湖南、河北等各地科技馆也积极开展 STEM 教育实践和研究，并有成果论文发表。同时，一些学者也围绕科技馆的 STEM 教育问题进行研究，取得了不少有价值的研究成果。朱幼文通过文献研究、教育学分析和案例分析，提出实践、探究式学习、直接经验是 STEM 教育与科技馆教育的共同要素。基于科技馆展品开展 STEM 教育具有天然优势，通过"形神兼备"的 STEM 教育，可使科技馆本应具有的展示教育功能得以充分实现，并成为提升展示教育效果的突破口[④]。叶兆宁在分析 2013 年美国颁布的《新一代科学教育标准》和我国刚刚颁布的《小学科学课程标准》中对目前科学教育变革应对的具体表现之后，提出科技博物馆要

---

① 倪杰. 基于 STEM 教育理念的科技馆展品教育活动创新实践［J］. 自然博物馆研究，2017（增刊 2）：68-73.
② 郑巍，黄慧，孙琪琳. STEM 教育在科技馆教育活动中的实现方式——上海科技馆羊年生肖展为例［C］. 全球科学教育改革背景下的馆校结合——第七届馆校结合科学教育研讨会论文集，2015：97-103.
③ 冯子娇. STEM 教育理念下科技馆展品教育活动的思考与实践——以"小球旅程知多少"展品教育活动为例［J］. 自然博物馆研究，2017（3）：57-64.
④ 朱幼文. 基于科学与工程实践的跨学科探究式学习——科技馆 STEM 教育相关重要概念的探讨［J］. 自然博物馆研究，2017（1）：5-14.

结合 STEM 教育与创客教育，大力发展跨学科综合类学习活动，并以美国旧金山探索馆的"手蓄电池（Hand Battery）"项目为例进行了阐述①。陈凤英等基于 STEAM 教育理念，围绕五年级的科学课程中的"光的反射"主题，应用"6E 学习模式"②，在科技馆展厅中设计了包括准备、找朋友、认识朋友、了解朋友、挑战讲解员 5 个环节的 STEAM 活动。通过研究表明：设计的学习活动可以拓展学生的视野、提升学生对科学的兴趣③。

目前，科技馆的 STEM 教育还处于起步发展阶段，在下一步的探索实践中，个人认为应坚持三个原则：一是要坚持理念与实践有机结合的原则。如前所述，STEM 教育既是一种教育理念，也是一种教育方式，在科技馆开展 STEM 教育，要坚持理念与方法的统一，既要按照 STEM 教育的模式、方法和步骤开发规范的 STEM 教育项目，注重学习借鉴、引进吸收国外的成功做法，同时一定要注意不能教条式地生搬硬套，要把 STEM 教育的理念和科技馆的实际结合起来，做到形式、内容与效果的统一。二是要坚持基于展品展项的原则。展品展项是科技馆最根本的资源，科技馆的展品展项本身就是能承载与体现 STEM 教育的理想载体。基于展品展项的探究式学习，是科技馆区别于其他机构的最本质特征。在科技馆开展 STEM 教育活动，一定要坚持基于展品展项，通过拓展延伸，开发具有鲜明科技馆特色的 STEM 教育项目。三是要坚持与学校课程深度融合的原则。开展馆校结合，

---

① 叶兆宁. 科学课程标准对科技博物馆科学教育的启示［J］. 自然博物馆研究，2017（3）：5-12.
② "6E 学习模式"是 Burke 结合 STEM 课程的特点，提出的一种学习模式，分为引入（Engage）、探究（Explore）、解释（Explain）、设计（Engineer）、拓展（Enrich）和评价（Evaluate）6 个环节。
③ 陈凤英，郑兰琴，韩雪. 馆校结合 STEAM 学习活动设计——以"光的反射"为例［J］. 自然博物馆研究，2017（增刊 2）：11-20.

是科技馆的传统，在 STEM 教育方面，加强与学校学科教育的深度融合，具有更加特别的意义，也是科技馆发挥其独特作用的重要方面。因为 STEM 教育的目的之一，就是要突破分科教学的弊端，提升综合应用各科知识解决实际问题的能力。学校教育基于学科划分的教学，很难实现这个目标。因此在科技馆开展 STEM 教育，要特别重视与学校教育的结合，使学生通过参加科技馆的 STEM 教育项目，把在学校学习的物理、化学、数字、生物等学科知识结合起来，提高综合素养和创新能力，使科技馆的 STEM 教育成为学校各科知识"融合催化"的重要平台和素质教育的重要载体。

美国 STREAM 教育对我国中小学教育的启示

厉育纲[①]

摘要：STREAM 教育是美国政府为适应现代社会发展而提出的创新创造教育倡议，它以"做中学"理论基础与社会共同参与的现实基础，经历了从 STEM 到 STEAM 再到 STREAM 的不断发展和丰富的过程。文章回顾了美国推行 STREAM 教育的历史，阐述了美国 K-12 阶段 STREAM 教育的特点和内容，总结了美国中小学施行 STREAM 教育方面的改革与发展经验，分析了其对当前我国中小学教育提供的启示，从而推动我国当前中小学教育教学改革的发展。

关键词：STREAM 教育　中小学教育　启示

　　STREAM 是科学（Science）、技术（Technology）、阅读与写作（Reading and Writing）、工程（Engineering）、艺术（Art）、数学（Mathematics）的缩写，STREAM 教育是集科学、技术、阅读与写作、工程、艺术、数学多学科融合的综合教育，最初源于美国政府提出的 STEM 教育倡议，其目的在于加强美国 K-12 阶段科学、技术、阅读与写作、工程、艺术以及数学的教育。STREAM 教育来源于 STEM 理念，即科学（Science）、技术（Technology）、工程（Engineering）、数学（Mathematics）的

---
① 北京青年政治学院副教授，北京市高校教学名师，北京市社科理论人才"百人工程"计划人选，美国马萨诸塞州立大学波士顿分校高级访问学者。

首字母，旨在鼓励学生在科学、技术、工程和数学领域发展和提高，培养学生的综合素养，从而提升美国的全球竞争力。STEM教育如何变为STEAM教育，又进一步演变为STREAM教育？从中对我国中小学教育有哪些启示？本文将就上述问题展开探讨。

一、从STEM-STEAM-STREAM的演变看美国教育重点的变化

STEM源于四个学科的缩写，S代表科学（Science），T代表技术（Technology），E代表工程（Engineering），M代表数学（Mathematics）。这四个学科的整合，相近于我国教育教学领域的"理工科"。早在1986年，美国国家科学委员会（National Science Board，简称NSB）就发布了报告《本科的科学、数学和工程教育》（Undergraduate Science, Mathematics and Engineering Education，又称《尼尔报告》），这被视为提倡STEM教育的开端（NSB，1986）。

2005年10月，由美国国家科学院（National Academy of Science，简称NAS）、国家工程院（National Academy of Engineering，简称NAE）、医学科学院（Institute of Medicine，简称IOM）和国家研究委员会（National Research Center，简称NRC）联合向美国国会呈上报告《驾驭风暴：美国动员起来为更加辉煌的未来》（Rising Above the Gathering Storm: Energizing and Employing America for a Brighter Economic Future）。该报告是针对美国21世纪科技教育发展的战略性报告，提出了促进STEM教育的相关建议：一是到2010年，初、高中数学及科学课程的数量要达到现在的四倍；二是每年招聘1万名新的数学和科学教师；三是提高25万名数学和科学在职教师的教学技能；四是增加STEM领域学士学位授

予数量，并对研究生阶段和职业生涯早期阶段的 STEM 领域研究给予支持。报告中强调，学生须掌握有效沟通、非常规问题解决、自我管理和系统思维等技能。为实现这一目标，STEM 课程以小组活动、实验调查等形式来促使学生将科学、技术、工程和数学知识进行整合，并进一步获取现代经济社会所需技能，使他们成为能够为个人健康、能源效率、环境质量、资源利用和国家安全做出决策的合格公民。事实上，在经济、政治和文化观念领域，公民需要理解和解决的各种问题，从个人问题到全球问题，都与 STEM 学科中的知识有显著的联系（Bybee R. W.，2010）。

2007 年 8 月 9 日，美国国会又一致通过了《国家竞争力法》，全称为《创造机遇，显著提升美国科技教育领域优势地位》（America Creating Opportunities to Meaningfully Promote Excellence in Technology，Education，and Science，简称 America Competes）。该法案强调创新需要雄厚的研发投入和对 STEM 教育计划的切实执行，批准在 2008 年到 2010 年期间为联邦层次的 STEM 研究和教育计划投资 433 亿美元，包括用于学生和教师的奖学金、津贴计划资金以及中小企业的研发资金。该法案还要求把美国国家科学基金增加到 220 亿美元，除自然科学和工程的研究资金外，重点用于奖学金支持计划、幼儿园到 12 年级（K–12）阶段的 STEM 师资培训和大学层面的 STEM 研究计划。2007 年 10 月 30 日，美国国家科学委员会再次发布报告《国家行动计划：应对美国科学、技术、工程和数学教育系统的紧急需要》（A National Action Plan for Addressing the Critical Needs of the U. S. Science，Technology，Engineering，and Mathematics Education System）（NSB，2007）。该报告提出希望将 STEM 教育从本科延伸到中小学教育阶段。

2009 年，时任美国总统奥巴马提出了教育创新运动，强调美国将优先发展 STEM，决心把美国科学和数学教育的排名从中间位置提高到世界前列。此后，美国联邦投入了大量资金，用以支持幼儿园到 12 年级（K–12）阶段和高等教育阶段的 STEM 教育研究。美国各州也纷纷采取了促进 STEM 教育发展的有效措施，包括创建全州 STEM 教育网络、成立区域 STEM 中心、创办 STEM 高中、启动幼儿园到 8 年级（K–8）阶段学生计划项目、加强教师专业发展，类似情况还出现在许多其他的发达国家。2009 年，卡耐基基金会报告《机会平等》（Opportunity Equation）建议重点采取以下 4 方面的措施来解决 STEM 人才危机：为全美学生提供更高水平的数学和科学学习内容；建立更少、更清晰的数学和科学学科的公共标准，使其与评估标准一致性更高；通过更好的学校和管理系统的支持，提高教师教学和专业学习水平；设计新的学校和相关系统，保证学生的数学和科学学习更有效。

　　STEM 的重点在于科学教育。美国的科学教育主要是指生物、化学、物理、地球或环境。21 世纪以前，美国 50 个州中只有 40 个州对科学课有要求，而且要求只学两年。2001 年颁布《不让一个孩子掉队》法案以后，美国教育部门开始重视科学教育课程。以前美国的技术教学与中国的劳技课相似，小学里的技术课也类似于中国课堂情境下的手工劳动，后来，逐渐增加了高科技的内容。在工程方面，原来中小学课程没有工程内容，现在工程教育进入中小学。2010 年时有 9 个州把工程正式列入课程标准，目前，这个数字已经大增，但并不是所有州的课程里都有工程。在数学方面，美国中小学数学内容领域包含了我们熟悉的算术、几何、代数、三角的内容。在学时上，美国有 43 个州规定学生必须学习两年的数学必修课。中美高中数学教育最大的不同是，美国不少高中提供数学 AP 课程。

在加强对 STEM 教育重视的同时，美国教育研究者和实践者愈加认识到艺术教育对科学教育的重要影响，特别是艺术教育对于学生创新创造思维的培养能够在很大程度上转化、融通并促进科学教育中的创造力。

美国国家教育科学院在对 1999—2000 学年度与 2009—2010 学年度的艺术教育进行对比研究时，做过一个有 5 万多本科毕业生参与的问卷调查。其中有一个问题是："什么知识最有用？"回答的结果颇为耐人寻味。毕业 1～5 年的答案是"基本技能"，毕业 6～10 年的回答是"基本原理"，毕业 11～15 年的结论是"人际关系"，而毕业 16 年以上的则提出："艺术最有用"。对个体而言，艺术教育是生命早期发展的主要动力，是全面提升个体素质与能力的重要路径。儿童通过不同形式的艺术教育，逐渐形成初浅的平衡、空间、架构等意识，并会根据这些来形成和谐的性格，不断滋养精神、涵育生命、完善人性。在培养记忆、观察等能力的基础上，艺术的学习过程常常伴随着聚精会神、坚持不懈、有的放矢等品性教育，这些是形成完整人格不可或缺的重要组成部分。艺术的学习过程也是促使形成富有个性化、独特的、稳定的、统整的行为模式、思维模式和情绪模式的过程，无疑对个体的当下生活，对其今后的成长、发展，对塑造形成健全人格和完美人性，都起着决定性的作用。

因此，美国维吉尼亚科技大学学者格雷特·亚克门（Georgette Yakman）在 2006 年提出，应当在原有 STEM 基础之上添加艺术 Arts（简写为 A），发展成为 STEAM，并提出了 STEAM 教育的金字塔结构，如图 4 所示。A 广义上包括了美术、音乐、雕塑、社会、语言、文学等人文艺术学科。人文艺术不仅能够增加 STEM 的趣味性，更重要的是有益于培养全面发展的未来社会的合格公民。

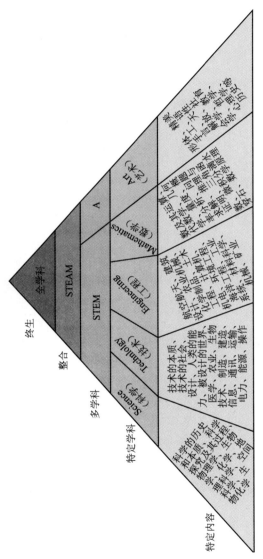

图 4 Yakman 的 STEAM 金字塔结构框架

近几年来，在美国教育界一些学者和实践者们开始倡导STREAM 的理念，其中新添加的 R 代表写作（Writing）和阅读（Reading）。写作与阅读为什么重要？中国有钱学森之问（"为什么我们的学校总是培养不出杰出人才"），美国也做了类似的调研——把美国获得诺贝尔奖的科学家和美国国家科学院院士跟一般的科学家作对比，看差别在什么地方。研究发现，差别不在他们的科学素养，而是在写作。获得诺贝尔奖的科学家要比一般的科学家写作能力高 20 倍，这是统计数据，实际可能是 100 倍。因此人们逐渐认识到写作和阅读的重要性。阅读是"进"（输入），写作是"出"（输出），我们要培养的人才当然是要能够"输出"知识、技能和思想的人才。在各行各业中，写作能力的高低可以视作中高级人才和初级技工的分水岭。

从 STEM 到 STEAM 再到 STREAM 的演变，我们可以看到，STREAM 教育把所有科目都以一个跨学科的方式进行整合，快速回应变化发展的社会，它又是一种终身事业、生活准备方式和教育学习方式，能够帮助年轻人适应瞬息万变的世界。所以，STREAM 教育不仅是一个框架，也提供给人们一种适应变化莫测的世界和个人生活的学习结构，故而被作为当前教育培养学生 21 世纪技能以及核心素养的"良药"。

二、美国 K-12 阶段 STREAM 教育的特点和内容

自 1986 年美国国家科学委员会首次在《本科的科学、数学和工程教育》中提出了 STEM 教育的纲领性建议以后，美国逐步从教育目标、课程设置、师资队伍、学业评价等方面

在 K-12 阶段大力发展完善 STEM 教育。此后又不断整合了艺术教育，强调阅读和写作，整合后的 STREAM 教育不仅可以促进学生的认知发展，还可以促进他们的情感和精神境界的提升，增强他们的批判思维和问题解决能力，培养他们的创造力。在美国，STREAM 教育已经被认为是从幼儿园到 12 年级（K-12）阶段的一个重要的国家教育改革战略，为各学科的整合提供了有力支持和帮助。

（一）强调学科的整合

美国提倡的 STEM 到 STEAM，再到 STREAM，最核心的概念就是学科的整合。用整合取代分科，学科界限渐渐消失。从 1894 年由 10 个著名哈佛教授成立的 10 人教授委员会对美国学校的课程进行评价以来，美国教育界在关于分科教育还是整合学科的问题上，一直争鸣不断、改革不断，分久必合、合久必分。目前提倡的 STREAM 课程是最典型的整合学科的实践代表。STREAM 强调知识和技能的整合，这种"整合"分两层：一层是原有特定学科的知识和技能，一层是跨学科的知识和技能。多学科和跨学科的课程组织方法是不一样的。多学科的课程组织方法是，以特定主题为中心，不管有多少门学科，例如语文、数学、艺术等，所有课程都围绕这个主题开展教学。跨学科的课程组织方法更加强调各个学科之间的连接和交叉，而不是把一个学科和另外一个学科分开来讲授。学科整合根据不同学科知识和技能融合的方式与程度分为几种水平：序列式、平行式、部分式、提升式和总体融合式。其中总体融合式的水平最高。

美国新一代的科学教育标准很好地回答了"学什么"这个问题。该标准提出了学科核心概念和跨学科核心概念这两个维度。学科核心概念指的是，每个学科有本身的核心概念。以生命科学为例，其核心概念包括：LS1（从分子到器官：结构与过程）、LS2（生态系统：相互作用，能量和变化）、LS3（遗传：特质的遗传与变异）、LS4（生物进化：单一性与多样性）。跨学科核心概念指的是，各个学科之间有共同的跨学科核心概念。例如，STREAM课程的跨学科核心概念包括：模式，因果关系——方式及其解释，度量、比例和数量，系统和系统模型，能源和物质——流动、循环和储存，结构和功能，稳定性和变化。

　　STREAM课程的内容还要紧跟科技的发展趋势。目前科学技能领域的一个新趋势是特别强调计算思维。现在人类已经进入人工智能（Artificial Intelligence，简称AI）时代，而人工智能的背后是计算思维。因此，这一趋势带来的启示是，学校的STREAM课程设置中从低年级起就应着重培养学生的计算思维。所谓的计算思维教育，就是要让学生理解AI背后的计算思维，要让学生像计算机科学家那样去思考问题，将来能够理解机器人是怎样构造以及如何运作的。最近，哈佛大学与麻省理工学院合作把计算思维课程内容模块化，提供给中小学生。未来的课程组织趋势是整合，因为当前信息时代的知识量非常庞大，而很多知识都是碎片化的，处理碎片化知识的最有效途径就是整合。

（二）强调综合能力的培养

　　STREAM课程理念与目前国际上倡导的培养学生关键品格的教育形势紧密关联。在美国教育界，很多学者将关乎未来发展的关键能力概括为"6C"，如图5所示。

美国 STREAM 教育对我国中小学教育的启示 | 55

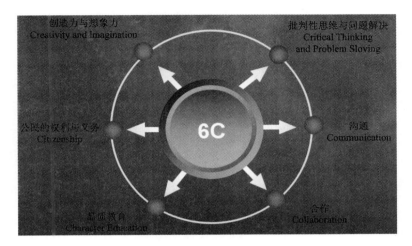

图 5　美国的核心素养——"6C"

在中国，人们将这些关键品格称为核心素养，如图 6 所示。

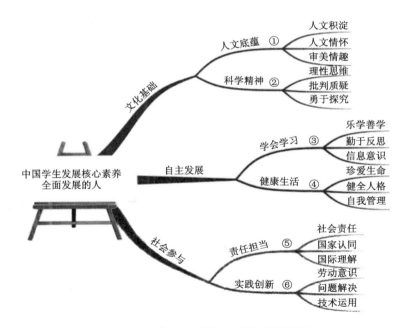

图 6　"中国学生发展核心素养"思维导图

这些能力本身就是复合性的，必须通过跨学科的、整合的课程设置来培养。世界经济论坛提到，应对未来必须具备三大块核心素养：一块是基础素养；另一块是胜任力，包括一些基本的、很重要的创造能力、沟通能力；第三块是个性特质，如领导力和适应社会的个性品质，如表 2 所示。无论中国、美国，还是世界经济论坛都强调培养学生的批判性思维、创新思维、合作能力，而 STREAM 课程为发展这些素养、能力和品质提供了很好的基础。

表 2 世界经济论坛提出的 21 世纪人才应具备的能力与素质

项目	基础素养	胜任力	个性特质
能力与素质	读写能力 计算能力 科学素养 ICT 素养 金融素养 文化与公民素养	批判性思维 问题解决 创造力 沟通能力 合作能力	好奇心 主动性 坚持/毅力 适应力 领导力 社会与文化意识

三、STREAM 课程的实施

马萨诸塞州立大学波士顿分校教育系主任严文蕃教授把 STREAM 教育的教学特点归纳为：学习环境是探究式的，学习内容是跨学科的，学习方法是基于项目的，教师角色是支架式的。

1. STREAM 教育的学习环境是探究式的，学习内容是跨学科的

STREAM 教育的教学强调真实情境。复杂的真实世界中的问题几乎都是需要多学科的、跨学科的知识和技能去解释和

解决的。在教学中如果要促进跨学科的知识运用，必须对真实情境的现象进行探究、抽象和归纳；教师不应该期望学生在运用单一具体的例子解决问题时，能从背后的抽象表征中做出推断。探究式的跨学科的学习有助于长期及短期的概念迁移和知识运用。

2. STREAM 的学习方法是基于项目式的学习

理想的探究式学习要借助于项目式的学习，而项目式学习的关键，在于项目活动的设计。STREAM 学习中结合了工程，这为项目学习提供了很好的途径。中国教师可能最不熟悉的是工程，因为中小学没有这一门课。过去在美国也只是在大学才开始教授工程这门学科，后来发现大学生学习工程已经为时太晚，工程教育应该从小的时候就开始。理解工程设计的特征，有助于教师们更好地开展 STREAM 教学。工程设计的流程是：提出问题、调查现状、构思解决方案、设计、制作、测试、改进方案和成果展示，如图 7 所示。工程本质上就是设计、构造一个物件，是项目式学习的具体化。STREAM 教育评价的内容和方法也是以学生的项目学习成果展示为主。

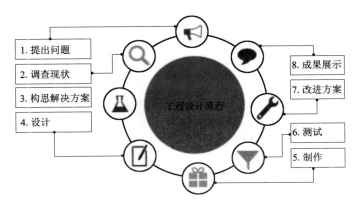

图 7　工程设计的流程

在此，以项目领导方式（Project Lead The Way，简称PLTW）为例，分析美国STREAM教育课程设置的整合化。PLTW旨在培养学生在经济全球化社会中取得成功所需要的技能。PLTW与学校合作，通过世界一流的K-12课程、高质量的专业教师以及出色的交流合作项目提供STREAM教育。PLTW在K-12阶段开设了一系列适应不同阶段的课程，通过学生亲自参与、亲自动手的课程，提高学生解决问题的能力，培养学生的批判思维以及锻炼学生的创造力与推理能力。PLTW在K-5阶段采用的是起步课程（PLTW Launch），鼓励低年级学生建立自信，增强学习兴趣，为后续教育做铺垫；初中阶段开设入门PLTW课程（PLTW Gateway），这个年龄段是最适合让学生知道要解决一个问题可以有多种方法的；高中阶段则开设工程PLTW课程（PLTW Engineering）、生物医学科学PLTW课程（PLTW Biomedical Science）与计算机科学PLTW课程（PLTW Computer Science），为未来升学或步入社会打下基础。美国STREAM教育已经在课程整合的宗旨下初步形成了一套比较完整的课程体系，可供我国中小学创客教育课程设置参考。

再分享一个笔者女儿亲历的STREAM教育的案例。这是波士顿附近小镇Brookline的一所公立初中学校（Edward Devotion Public School）七、八年级学生合作设计学校花坛真实的案例。2015年9月，Edward Devotion Public School因为生源扩充，不得不将七、八年级的学生搬到一所废弃多年的教会学校旧址。这所学校改造以后已经消除了宗教因素，但是校园环境的美化因时间紧迫尚未完成。七、八年级的学生到了"新校址"以后，对校园简陋的环境颇有些失望。于是在第二周，就发起了"Devote to Devotion"活动，每个班级为校园的各个区域设计一个美化方案，如花坛、公共餐厅、操场、升旗台等。每个班级的学生又志愿组合，分为几个小组，分别进行设计。以花坛为例，学生们分头丈量花坛面积尺寸，了解花卉种类及生长期，画出花坛样图，预算建造经费等。在指定的时间，学生们向校委会成员、教师和家长们进行公开展示，由全体师生和家长共同投票选出最佳方案，并由全体师生和家长共同捐款将最佳方案实施完成。在这个项目实施过程中，各门学科都结合花坛设计，设置了相应的项目学习内容。如通过图形、测量等学习数学的知识与技能；通过设计、构造和建筑花坛学习工程学科的知识与技能；通过生物课程学习各种花草树木的生长、种植与养护的知识和技能；通过建筑绘图加强艺术学科的知识与技能等。最终，经历了漫长的秋天、冬天，在第二年的春天，校园里多了一个由学生自行设计、自行种植、自行养护的美丽的花坛。

3. STREAM 教学过程中教师的作用是支架式的

STREAM 学习结果很大程度上取决于教师的经验和教师有效支持学生问题解决的能力。高水平 STREAM 教师的作用是提供协助，如悉心安排社会支持、监控学习、帮助学生保持在达成目标的轨道上。美国中小学教师都会组织学生科学研究展（Science Fair），要求学生自己确定一个研究课题，然后按照一定的方法去做实验，得出有事实依据的结果，最后做成一个科学实验展示板（Science Board Presentation），来告诉大家整个研究过程和结论。常见的科学实验展示板如图 8 所示。

仔细观察科学实验展示板的内容，可以看到其包括以下 10 个部分的内容：

（1）Title——标题，下面一般列学生和指导老师名字；

（2）Purpose——为什么要做这个实验，目标是什么；

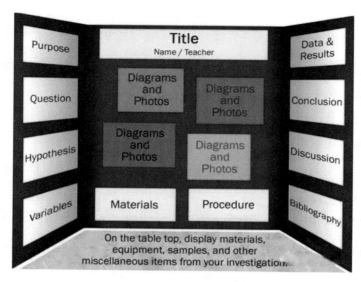

图 8　美国中小学常见的科学实验展示板

（3）Question——说明要解决什么问题，以及研究这一问题有何价值；

（4）Hypothesis——在实验前根据已学的知识做出假设；

（5）Variables——影响实验结果的主要变量是什么；

（6）Materials——需要哪些材料；

（7）Procedure——按照什么步骤去做；

（8）Data & Results——实验中收集到的数据，得到的实证结果；

（9）Conclusion——结论；

（10）Discussion——围绕结论展开讨论，进行理论分析；

（11）Bibliography——参考和引用资料；

（12）Diagrams and Photos——说明图表和照片。

可见，美国中小教师很早就培训学生科学实验的方法论，中小学生做实验的流程和科学家、大学教授做研究项目的程序是一样的。

STREAM 教师要使跨学科的整合学习过程更加清晰。学生一般不能做到即时整合和深刻理解他们所学的各个学科的概念，或不能整合包括各个学科的跨学科的核心概念。STREAM 教师要清楚地把学生的注意力吸引到不同学科之间的深层结构关系上，要把这些关系讲清楚，帮助学生深刻地理解跨学科的核心概念。STREAM 教师还要强调科学学习过程中的社会学习。社会学习的过程是观察、模仿、合作、展示、塑造，社会学习的最好形式就是组成学习共同体。

四、STREAM 课程的评价

　　了解学生在 STREAM 课程中学会了什么，这是评价的问题。通常教师们熟悉的是特定学科的评价，但不熟悉整合型、项目型学习的评价方法。解决途径之一就是要求教师设计对于具体学科和整合学习均有效的评价，及运用多种形式的评价，如形成性评价、临时性评价、总结性评价等，也就是综合评价，来评价学生的学习效果。设计 STREAM 综合评价需要回答两个重要的问题：一是什么才能算是学习的证据，二是什么类型的情境和任务才能引出这些证据。因为 STREAM 的课程学习过程实际上是工程设计的过程，其结果就是学习、设计出的产品，产品就是一种核心证据。另外还要收集有关学生设计过程的证据，即学生学习和思维过程的评价证据。

　　在此举一个 STREAM 课程整合信息技术的评价案例。波士顿科学博物馆开发了一个为期 8 周的关于能源概念的项目。每位参加这个项目的学生都可以在手机上或电脑上使用一个名叫"工程师笔记本"的 APP。这个 APP 会把学生所有的操作步骤记录下来，包括最初的草稿、历次修订的版本，以及学生的互动。在形成性评价方面，新开发的嵌入式评价任务和题目是自动计分的；有些设计和画图可以被同伴评价；对于自动计分的任务和题目，计算机系统提供个性化的反馈，并生成评估报告；学生学习进展报告可录入"工程师笔记本"中，也可以作为教师所教班级成绩的记录。在终结性评价方面，学生可以打印自我评价、概念图，教师使用等级量表对此进行评价。此外，项目结束后可实施机考，并实现自动化计分。

五、STREAM 教育对我国中小学教育发展的启示

STREAM 教育在风靡世界的同时，也越来越受到我国教育界的关注和重视。2015 年 9 月教育部发布的《关于"十三五"期间全面深入推进教育信息化工作的指导意见（征求意见稿）》提出，学校要探索 STREAM 教育。根据教育部最新修订的《义务教育小学科学课程标准》，从 2017 年 9 月开始，小学一年级将增设科学课，并将其作为基础性课程。北京市教委也要求，从 2017 年开始，小学一年级学生就要学习信息技术课。目前，各种面向中小学生的 3D 打印课程、机器人编程课程、创客教育课程层出不穷。

但是，目前我国的 STREAM 教育尚处在"看上去很美"的探索阶段，具体操作过程中，存在着现实困难和制约的瓶颈。美国 K-12 阶段 STREAM 教育的发展，在历经几十年的探索与改革后，已经形成了一个较为完整的体系，借鉴美国 STREAM 教育的经验，将有利于我国中小学跨学科开展 STREAM 教育的探索与发展。

（一）加强课程整合，培养学生的创造性思维能力

STREAM 教育的核心理念是跨学科融合。中小学校实施 STREAM 教育的方式主要有两种（林静，2017），一种是结合学科课堂的多学科整合实施，另一种是基于项目的跨学科整合实施。多学科（multidisciplinary）整合是指带有学科痕迹的学科之间学习内容、学习方式以及学习结果等方面的综合，其实施以学科课堂为主阵地。跨学科（transdisciplinary）整合是指超越学科界限，以来自真实生活的科技问题融入学生对社会、政治、经济、国际关系以及环境等问题的学习，不带有学科痕迹，其实施主要采用项目学习的方式。学生参与 STREAM 教育，将有关联的学科之间进行课程整合，有利于其理解和应用知识，学会运用高阶思维能力去转换各个学科间的知识，有利于发展学生的探究能力、实践能力、思维能力和整合能力等。因此，STREAM 教育不是为了让学生具有单一领域的素养，而是培养学生综合运用学科知识创造性地解决问题的能力。

（二）变革教学方式，发展学生的核心素养

2016 年 9 月发布的《中国学生发展核心素养》指出，中国学生发展核心素养以培养"全面发展的人"为核心，其总体框架分为文化基础、自主发展、社会参与三个方面，综合表现为人文底蕴、科学精神、学会学习、健康生活、责任担当、实践创新六大素养。STREAM 教育倡导基于项目学习、体验式学习等新的教学方式，培养学生的学习和创新能力、批判思维和问题解决能力、交流与合作能力等。动手动脑的科技实践是 STREAM 教育的一大特色，也是整合多学科教学方式的切入点，这些综合科学

探究与工程设计的实践活动，既有类似科学家开展的科学理论和科学建模等探究活动，也包含类似工程师为满足某一需求而进行的工程设计和建造等设计活动。例如，在科学课堂上让学生合作制作一本月相日历，以科学概念"月相"学习为主，整合工程、技术、数学和艺术的学习；在美术课堂上，让学生为一棵枯树增添叶片，以艺术的绘画活动为主，整合科学、数学、工程与技术的学习。因此，STREAM 教育可以培养学生实践创新与人文底蕴，发展核心素养。

（三）以问题为中心，加强知识与实际生活的联系

STREAM 教育把科学、技术、工程、艺术、数学和人文知识整合在一起，以项目和问题驱动学生探究，从而培养学习者的科学、技术、工程、艺术、数学和人文科学的综合素养。STREAM 教育强调将抽象知识回归生活情景，学生们通过解决一个个趣味性强、具有挑战性的实际问题去学习知识。通过"做中学"，实际体验操作过程，寻找自己感兴趣的内容。在 STREAM 课程中，学生根据自身的能力和兴趣，既可以探究连接电路等简单问题，也可以探究制作机器人、飞机模型等复杂问题，还可以围绕生产生活中的真实问题加以探索和解决。例如，在科学（包括物理、化学、生物与自然地理）、数学的课堂教学中，围绕健康与疾病这一综合性主题，选择个人健康、突发事件以及营养等问题，或者一个地区或国家的疾病控制、社区健康等问题，或者全球流行病、传染病的传播与控制等问题，创设课堂教学情境与学习任务。当学生在解决这些实际问题时，其情感态度和价值观得以熏陶，体会何谓国家、社会以及个人的责任担当，同时可以培养其健康生活的意识与能力，而不是单纯地获取科学或数学知识；此

外，可以提升学生解决问题和综合运用多学科知识的能力，锻炼其理性思维、科学探究以及技术运用等能力。

（四）组建学习共同体，培养学生的团队合作意识

学习共同体是通过小组或团队的形式组织学生进行学习的一种策略。学习共同体的基本要素包括合作小组成员、辅导教师和合作学习环境。大量研究表明，学习共同体的学习形式比竞争学习和个别学习两种形式更能提高学生的学习成绩。STREAM 的学习共同体有如下特征：小组的每个成员要承担有意义的角色；对所有参与者都要求最大程度的参与；轮换角色和互换同伴指导；为每个学生（不论组内还是组外）制定清晰具体的学习目标和评估方式，同时培养学生团队合作意识。例如，以小组为单位制作迷你洗衣机，学生以组内分工协作的方式完成设计、开发、动手操作等任务，在学习相关知识、锻炼动手能力的同时，还培养了学生的团队合作意识。

（五）在科技教育中融入艺术，培养全面发展的高素质人才

STEM 教育中加入艺术、阅读与写作，变成了 STREAM 教育，丰富了 STEM 教育的内涵。随着科技的飞速发展，科技教育越来越成为我国中小学教育的重头戏，重理工轻人文成为比较普遍的现象。但是，艺术素养的高低直接影响着个人思维方式、想象能力和创造力，正如前文所述，美国国家教育科学院对"什么知识最有用"的调查结论所显示的那样，随着学生毕业时间拉长，步入工作岗位的时间越久，越会觉得"艺术最有用"。由于艺术思维侧重于直觉，具有跳跃性、非线性的特点，因此在很多类型的发明创造的过程中，都会起到关键的链接作用。在这个意

义上说，康德曾说，当"人转向艺术时，就进入了创造活动的实验室"，"艺术是神圣的，它比科学更高深、更深刻。它揭示的真理超越了科学的范畴"。康德的话从一个侧面揭示了艺术创作具有原创性，是一个发明的过程，是从无到有的过程。艺术素养的培养无法一蹴而就，需要一个漫长的潜移默化的过程，需要从基础教育阶段就开始。在科技教育中融入人文艺术，可以提高学生对美的理解水平，增加对美的体验能力，启迪心灵，培养创新意识和创造能力，成为未来全面发展的高素质人才。

　　在教育全球化、多元化发展的今天，美国STREAM教育势必会对我国基础教育的变革产生积极的促进作用。对美国STREAM教育的全面解读，有助于我们深刻地把握STREAM教育的思想理念和实践要求，掌握发达国家教育改革的动态与趋势，跟踪国际基础教育改革发展的前沿与热点，拓展我国教育改革实践的国际视野。在我国的基础教育改革实践中，需要以具体的课程教学为载体，开发整合不同学科中内容相关的任务与活动，把STREAM教育的理念落到实处。根据不同地区的教育发展情况和外部环境，有针对性地谋划相应的改革和实践模式，还要加大师资培养与培训力度，使更多的教师能够胜任STREAM教育的教学。说到底，STREAM课程在中国面临的最大挑战和障碍，不是缺少学习材料或适当的设备，而是缺少能教好STREAM课程的师资队伍。老师必须自身具备STREAM素养才能成为有效的STREAM老师。要解决这一困境，一个办法是邀请高校教师到中小学教STREAM；另一个办法是开展多学科教师的团队合作。我国有很多工科大学生和工程人员，因此，中小学STREAM课程的教学不能离开大学，要充分利用大学的资源，与大学建立紧密联系。目前，北京的中小学已经付诸行动。在北京市教委的牵线下，自 2014 年开始，北京高等学校、社会力量参与小学体育美育发展工作，至今已惠及 140 所小学的 30 万小学生，开创了艺术教育普及的新生态；自 2015 年开始，很多高校的实验室面向初中生开放，很多初中生的综合社会实践开放课程就在大学实验室里完成。这些行动和举措已成为北京中小学教育改革的新亮点。

随着我国基础教育改革进入深水区，如何在基础教育阶段培养学生的探究能力、实践能力、批判性思维、创新能力和跨学科思维能力，需要我们积极借鉴国际智慧加以分析破解。

参考文献

［1］崔鸿，朱家华，张秀红. 基于项目的 STEAM 学习探析：核心素养的视角［J］. 华东师范大学学报（教育科学版），2017（4）.

［2］殷朝晖，王鑫. 论美国 K-12 阶段 STEM 教育对我国中小学创客教育的启示［J］. 外国中小学教育，2017（1）.

［3］魏晓东，于冰，于海波. 美国 STEAM 教育的框架、特点及启示［J］. 华东师范大学学报（教育科学版），2017（4）.

［4］董宏建，胡贤钰. 我国 STEAM 教育的研究分析及未来展望［J］. 现代教育技术，2017（9）.

［5］严文蕃. 美国 STEAM 课程的实践和启示［J］. 教育家，2017（12）.

［6］STEM Education Resource Center.（2016）. Retrieved from: http://www.pbs.org/teachers/stem/Sousa, D.A., & Pilecki, T.（2013）. From STEM to STEAM: Using Brain – Compatible Strategies to Integrate the Arts. Corwin Press.

［7］Yakman, G., & Lee, H.（2012）. Exploring the Exemplary STEAM Education in the US as a Practical Educational Framework for Korea. Journal of the Korean Association for Science Education, 32（6）, 1072–1086.

网络信息化与社科类社会组织管理方式的变革

周志勇[①]

摘要： 在网络信息化飞速发展的时代，为加强社会组织管理，促进社会组织发展，实现社会和谐稳定，政府登记管理机关和社会组织的业务管理部门不断加强社会组织管理的信息化建设，以提高日常办事效率，降低社会组织的运营成本，促进社会组织良性发展。但从实际情况看，有时却是事与愿违：使用新开发的信息系统，不仅增加了社会组织的具体工作人员工作量，也给社会组织登记管理机关和业务主管单位的管理者带来巨大的工作压力。不是网络信息系统辅助于人的工作，而是社会组织管理的所有参与者都必须在这个网络信息系统的各个环节上就位，才能保障这个巨大的无形机器的正常运转。本文以社科类社会组织网络信息化建设为例，从系统建设的角度，重点分析网络信息化给社科类社会组织管理方式带来的变革，为进一步整合政府登记管理机关、社会组织建设部门、业务主管单位与社会组织之间的相互联系，促进信息共享提供一个考察的视角，进而为实现体制机制转变和管理制度创新打下良好的基础。

关键词： 网络信息化　社科类　社会组织　管理

[①] 北京市社会科学界联合会学会管理部原部长，北京市社会组织建设与管理专家委员会委员。

一、问题的提出

"每年一次的年检要跑几次路?"在无纸化年检系统推出之前,尽管年检表格可以在互联网上下载,但每个社会组织要办完年检,至少要跑三次机关。"一次是往业务主管单位送,一次是往登记管理机关送,最后还要去登记管理机关取年检结论。"某社会组织秘书长小王无奈地说。其实,小王是幸运的,如果业务主管单位管理规范严格,还要走内部报批程序的话,他至少得跑四次;要是填报内容有误,跑的次数就更多了。

党的十八大以来,习近平总书记提出了"建设网络强国"的战略思想和目标任务。李克强总理在2014年的政府工作报告中明确提出"制订'互联网+'行动计划"。这是党中央从协调推进"四个全面"战略布局出发,顺应互联网时代发展大势,做出的重要战略部署。北京市的社会组织登记管理机关响应党中央号召,主动作为,开发了面向全市社会组织的无纸化年检系统,实现了"让信息多跑路,让百姓少跑路"。目前,社会组织年检"最多只跑一趟"。即使以平均每个社会组织减少2次、每次半天跑机关的时间计算,每年的年检工作至少为全市一万多家社会组织节省出1万人次的出行时间,相当于一个人少跑了30年。由此可见,网络信息化带来的社会效益巨大。然而,我们要问,仅仅做到这样就行了吗?还有改进的余地吗?

二、从枢纽型社会组织角度的观察

枢纽型社会组织概念首次出现在2008年9月北京市社会

工作委员会出台的《关于加快推进社会组织改革与发展的意见》中。北京市《关于构建市级"枢纽型"社会组织工作体系暂行办法》又加以明确定义：枢纽型社会组织是由负责社会建设的有关部门认定，在对同类别、同性质、同领域社会组织的发展、服务、管理工作中，在政治上发挥桥梁纽带作用，在业务上处于龙头地位，在管理上承担业务主管职能的联合性社会组织。

　　枢纽型社会组织的建设是北京市社会建设领域的一项重要创新，近年来取得了长足发展，从最初的22家枢纽型社会组织发展到目前的50余家。枢纽型社会组织在全市社会领域建设方面发挥了积极作用：一是推动了社会组织管理模式的创新，加快实现政社分开、管办分离，把社会组织业务主管职能从部委办局的行政部门剥离出来，使社会组织回归专业作用和服务本能，实现自主发展。二是发挥了人民团体固有的桥梁纽带作用和自身优势。工青妇以及科协、文联、侨联等人民团体一直以来就是党和政府联系各界群众的桥梁和纽带，其自身历史发展而形成的组织系统完备，横向延伸和纵向贯联相互交织，是具有较大覆盖面的网络型组织体系。一方面，人民团体按业务分类统一管理相关社会组织将产生集约效应，减少目前多头治理的无效性；另一方面，人民团体更了解本领域社会组织的运行规律，对相关社会组织的指导、管理和服务会更有效。三是枢纽型社会组织将本领域的公共资源开放共享，提升同领域社会组织的资源获取能力，促进了社会组织发展，并有利于加强对社会组织的监管。

　　从社会组织管理的宏观层面上看，作为登记管理机关和业务主管单位的社会组织双重管理模式是我国社会组织管理的特色，也是维护社会稳定，促进社会和谐工作的长期宝贵经验。而实际上，枢纽型社会组织建设就是适应时代发展的业务主管单位建设的创新做法。那么，从枢纽型社会组织的角度观察，社会组织的网络信息化建设是否起到应有的作用，还有什么问题需要解决以及如何解决呢？

问题一：很多枢纽型社会组织自身的网络信息化建设滞后。很多枢纽型社会组织自身的文件流转仍然没有实现网络化。或者自身的OA系统和财务管理、业务管理本身就是几套独立的系统，彼此不兼容。以年检工作为例，虽然枢纽型社会组织有网络节点接入系统，但是与单位自身的办公流程不兼容，甚至仍需要将年检信息打印在纸张上进行文件流转。

问题二：许多枢纽型社会组织出于自身业务的需要，开发了面向所管辖的社会组织的网络信息系统，这套系统也与社会组织年检系统不兼容，加上全市社会建设部门开发的政府购买项目申报系统等在社会组织那里存在着多套系统并行的情况，为枢纽型社会组织及其所管辖的社会组织带来了管理上的负担。

问题三：社会组织网络信息化建设发展不平衡。许多社会组织网络信息化建设几乎没有开展，但也有很多社会组织自身建设开展得较好，有自己开发的网站，网站内容也比较丰富。如何将社会组织的网络信息建设与枢纽型社会组织的网络信息化建设进行整合，如何促进社会组织网络信息化建设均衡发展，也是摆在枢纽型社会组织面前的一项课题。

问题的解决不能因噎废食，而是要继续把社会组织的网络信息化建设得更好。以下我们以社科类社会组织为例，为社会组织网络信息化建设提出几点构想。

北京市社科联是全市社会科学界学术性社会团体的联合组织，是中共北京市委领导下的人民团体，是党和政府联系首都社会科学工作者的桥梁和纽带，也是最早一批被北京市社会工委认定的枢纽型社会组织之一，联系全市近170家社科类社团、民办社科研究机构和社科类基金会，会员总计10多万人。北京市社科联先后组织开展的首都当代中国马克思主义论坛、学术前沿论坛、中青年学者"百人工程"论坛、社会科学界与自然科学界两界高峰论坛、决策咨询课题、社会科学普及周、周末社区大讲堂、社科普及系列讲座等一系列活动都形成了影响广泛的学术品牌，社会效果非常好。

在实际工作中，作为枢纽型社会组织的北京市社科联需要与所属的社会组织以及分布在全市各个地区和单位的专家学者进行广泛而频繁的联系，开展大量的协调交流工作。经过长期的网络信息化建设，在社科类社会组织的管理工作中，社科联机关相关工作人员已经可以在一定程度上使用网络信息化手段来提高办事效率和工作质量，但仍然存在着与其他枢纽型社会组织共同的一些问题。比如，做具体工作的办事人员要使用5套网络信息管理系统，包括网络财务报销系统、内部办公软件系统、社会组织登记管理机关的无纸化年检系统、社会建设部门的政府购买服务系统、短信通知系统，此外还要经常登录业务管理单位的门户网站发布通知，使用互联网站的公共邮箱收发邮件。由此可见，社会组织网络信息化建设给具体的工作人员带来的工作压力还是很大的。一方面，对于像北京市社科联这样的枢纽型社会组织来说，急需开发一套适合于自身特点，管理所属社会组织的网络信息系统；另一方面，开发出来的网络信息化系统还不能给使用者再增添负担。对于系统的设计者来说，不仅需要深入了解现状和需求，还要以问题为导向，多方协调，整合现有的网络信息系统。

三、社科类社会组织网络信息化建设的几点构想

（一）树立三个意识，打牢社科类社会组织管理网络信息化建设的认识基础

1. 树立时代意识，积极应对社科类社会组织发展的新形势

近年来，在习总书记"5·17"重要讲话精神和中央《关于加快构建中国特色哲学社会科学的意见》、两办《关于改革社会组织管理制度　促进社会组织健康有序发展的意见》《关于加强中国特色新型智库建设的意见》以及民政等九部门《关于社会智库健康发展的若干意见》精神的指引下，社科类社会组织建设迎来了前所未有的发展机遇期。但从目前社科类社会组织的业务管理工作的情况看，还存在着急迫需要解决的政策法规不健全、管理方法手段落后、业务人员能力有待加强等问题。特别是由于社科联所管辖的社会组织地域分散、活动繁多，在当前互联网和大数据广泛覆盖人们的工作和生活的各个方面的时代背景下，如果信息掌握和处理不及时、不全面，容易对意识形态管理工作造成隐患。因此，顺应时代发展和形势要求，研究推进社科类社会组织管理工作网络信息化，树立管理人员的信息意识和时代意识，利用网络信息化手段创新社科类社会组织管理的工作方式和工作方法，才能增强工作的主动性、针对性和有效性，迎接新时期社会组织发展与管理新任务带来的挑战。

2. 树立工程意识，把握社科类社会组织网络信息化建设的规律

大数据时代建立在信息工程技术高度发展的基础之上。采用

先进的信息技术和工程方法,对大量、高速、复杂、变化不定的数据进行收集、存储、分配、管理和分析,需要社科类社会组织网络信息化建设者必须要具备对网络大数据的认识水平和相关工程技术的把握能力,遵从信息化建设的客观规律。

一是要树立适应大数据时代社科类社会组织网络信息化建设要求的思维方式,把思想从单一的经验中解放出来,从客观实际出发,多角度、多方向、多层次思考问题,建立起适应大数据时代信息化建设要求的、以社科类社会组织需求为牵引的、立体的、多维的思维方式。二是要不断提高社科类社会组织管理人员的信息素质。随着互联网的发展,信息来源多样化,社科类社会组织通过各种渠道同样能够获取各自所需的信息,社会组织管理人员的信息不对称优势逐渐消失。如果社会组织管理人员对信息、技术的了解和掌握还不如所联系的社会组织的工作人员,在办公自动化方面仍然习惯于传统方式,就很难在纷繁复杂的信息海洋中保持清醒头脑,进行正确的判断和指导,势必会影响枢纽型社会组织对所联系的社科类社会组织管理的权威性和有效性。三是要改进落后、低效的社会组织管理方式。目前,社科类社会组织的管理方式基本上还是以层层传达上级指令布置任务、靠行政命令推动工作为主要特征。通过社科类社会组织工作网络信息化建设,可以改进社会组织管理方式,对社会组织管理的业务流程进行改革和简化,使信息流动更为顺畅,从而提高社科类社会组织管理工作的效率和水平。

3. 树立战略意识,做好社科类社会组织网络信息化建设的规划

战略意识是对事物全局和长远发展的科学观察和思考。有清晰的战略,才可能会有可持续的发展。在当前大数据时代的背

景下开展社科类社会组织网络信息化建设，绝不是一蹴而就的事情，需要付出长期艰苦的努力；可以把分头众建作为策略，但必须要制定长远规划。树立战略意识，一是要明确社科类社会组织网络信息化的目标，把网络信息化工作与中央关于加快构建中国特色哲学社会科学、促进社科类社会组织和社会智库健康发展等工作指导结合起来，与社科类社会组织发展的迫切需求结合起来，与大数据时代信息技术的发展结合起来，与"统筹学者、学会、学术"工作结合起来，与提高社科类社会组织管理部门工作水平结合起来；二是要找准社科类社会组织网络信息化的建设路径；三是要在资金、队伍、开发维护、制度建设、激励机制等方面同步保障、同步支持、同步发展。

（二）立足两个关键，规划社科类社会组织网络信息化的建设路径

1. 立足信息集成这个关键，集中力量加强信息中心建设

信息中心是社科联权威的官方信息门户，是社科类枢纽型社会组织的信息化办公平台，也应该是所联系的社科类社会组织获取科研学术信息的数字资源库和获取相关社科类社会组织信息的主要渠道。信息中心的核心地位，决定了它是社科类社会组织网络信息化建设的重中之重，应以信息集成为关键目标和指标，集中人力、物力开展建设。

一是要集成社科类社会组织的专业领域的政策信息，建设权威、准确、快捷、独特的官方信息发布平台。充分利用和开发关于社科类社会组织工作方面的政策资源、新闻资源、信息资源和技术资源，为所联系的社科类社会组织提供比报纸期刊更丰富、更快捷的新闻资讯和社科工作信息，发挥"上情下达"的作用。

二是要集成机关办公信息，建设灵活、高效的机关办公自动化平台，为各类公文的拟制、呈送、审批、备案、存档，以及文档和数据的查询、统计、分析提供流畅的信息网络平台，为机关工作人员与社科类社会组织联系提供迅捷高效的联络工具。三是要集成国内外社科学术资源，建设能够支持所联系的社科类社会组织开展科研学术活动所必需的数字资源库。这是社科类社会组织网络信息化建设的重点，对于巩固社科类枢纽型社会组织在社科类社会组织工作中的重要地位，发挥社科类枢纽型社会组织服务职能作用起着不可替代的作用。四是要集成所联系的社科类社会组织的工作信息，建设社科类枢纽型社会组织与社科类社会组织之间以及各社科类社会组织之间相互连接的纽带和桥梁。这是宣传所联系的社科类社会组织发展，搜集社科类社会组织信息，为社科类社会组织提供媒介和服务的重要手段，起到"下情上达"和"互联互达"的作用。

2. 立足信息共享这个关键，结合实际推进社科类社会组织网络信息建设

社科类社会组织，无论从性质、规模、经费保障、人员素质等方面看，都存在着很大的差异。推进社科类社会组织自身的网络信息化建设，是一项非常复杂的工作。因此，必须立足于实现网络信息共享这个关键点，推进其信息化建设。

一是要把握社科类社会组织数据和信息的标准化与规范化。依托国家标准，结合社会组织管理部门开发和使用的社会组织标准信息代码，开发社科类社会组织元数据架构，建立统一、规范的信息数据库，支持不同社会组织利用其自主开发各种业务及应用。同时，也要明确规定社科类社会组织各业务管理系统的开发与建设要在此标准编码的数据支持平台上进行，以实现信息共

享。二是要把握社科类社会组织自建信息系统的开放性与兼容性。要指导社科类社会组织运用分层设计的理念开发建设信息系统，把信息系统分成网络基础平台、数据支持平台、业务管理系统和应用服务系统四个层次，每层完成特定的功能，各层协调工作，以便于维护、扩展升级，与社科类枢纽型社会组织信息中心实现数据交换。三是要把握社科类社会组织信息系统的实用性与可靠性。在协助和指导其信息化建设时，应结合实际，充分考虑到使用者的技术水平，做到操作简单，维护容易，同时便于数据信息的安全存储和传输。

（三）做到四个结合，把握社科类社会组织网络信息化的辩证关系

尽管在整个社会层面信息化建设已经具有成熟的技术手段，也不乏成功的案例，但就社科类社会组织网络信息化而言，还缺乏有效的工作经验用来借鉴，在建设过程中仍不可避免地存在着一些深层次问题。要处理好这些问题，必须在辩证统一中去理解、把握和筹划。

1. 做到统分结合，实现顶层设计和分头众建相统一

社科类社会组织网络信息化建设的复杂性，决定了这是一项十分复杂的系统工程。一是要搞好顶层设计，以避免各自为战、互不兼容。应考虑设立社科类社会组织信息化的组织领导机构，吸收信息化建设、社会组织管理、社科类社会组织人员等各方面参加，使信息化工作规划既符合宏观方针政策，又适合社科类社会组织实际，并利于技术手段实现，从而使网络信息化建设规划实现权威性、科学性和群众性的统一。二是要深入开展思想动员，充分调动所联系的社科类社会组织的积极性。由于社科类

社会组织的基础、能力和条件不尽相同，所以社科类社会组织的网络信息化建设切不可千篇一律，套用一种模式；同时，由于社科类枢纽型社会组织的资金、人力条件有限，采取"等""靠""要"也不现实。应鼓励和支持社科类社会组织在统一规划的指导下，联系实际为自己定准位，采取多种方法途径，实施分头众建的策略，积极稳妥地推进信息化建设。

2. 做到快慢结合，实现稳步推进与跨越发展相统一

社科类社会组织信息化建设是一项长期的战略任务，不可能毕其功于一役。它既要符合社科类社会组织工作的基本要求，也要遵循网络信息化建设的内在规律。在需求分析、方案论证、总体设计、标准制定等环节上，必须深入细致、严谨周到，按照由易而难、由简而繁，循序渐进的策略，稳健扎实地推进工作。但是，稳步推进并不意味着按部就班、亦步亦趋，面对大数据时代信息技术发展的新形势，选择新理念、新技术、新原理、新方法、新成果，发挥后发优势，采取跨越发展，也并非不能作为网络信息化路径的选择。

3. 做到专兼结合，实现立足自主建设与借助外部支持相统一

任何网络信息化建设，首先是网络信息化的人才建设，社科类社会组织信息化建设也不例外。一方面，要尊重网络信息化人才成长规律，以网络信息化项目为依托，着力培养社科类枢纽型社会组织信息中心的技术人才和复合人才，发挥其骨干作用，推动社科类社会组织管理工作的全面网络信息化；在此基础上，培养所管辖的社科类社会组织内的信息化人才，使其具备一定的系统开发、使用和维护能力，实现立足于自我的信息化建设。另一方面，要立足客观实际，依托专业技术企业，建立长期合作关

系，充分发挥其科技资源雄厚的优势，着力搞好社科类社会组织网络信息化建设的科技资源优化重组和系统整合，借助外部力量实现技术跨越。

4. 做到建用结合，实现网络信息化建设功能性与实用性相统一

如果社科类社会组织网络信息化的建设成果功能先进而实用不足，那么就会陷入为网络信息化而搞网络信息化的"怪圈"。一是在方案论证阶段，技术开发人员要从使用者的角度出发看问题，广泛听取意见，找准需求，降低系统使用难度。二是社科类社会组织人员也要深入了解网络信息技术手段对管理流程、管理手段进行整合的能力，据此研究改进管理方式，以跟上网络信息化建设的步伐。三是要搞好网络信息化培训，引导和鼓励社科类社会组织人员在网络信息化平台上开展工作，确保网络信息化的成果得到充分有效利用。

大学生志愿服务常态化联动机制建立的研究

周金凯[①] 葛岩[②]

摘要：大学生志愿服务常态化模式是当今社会关注的热点。本文从目前大学生志愿服务的现状出发，对大学生志愿服务常态化的影响因素进行分析，针对存在的问题提出政府、志愿者、高校、企业等部门应联动合作，建立大学生志愿服务常态化的有效机制。

关键词：志愿服务　常态化　联动机制

当前，志愿服务已成为提升大学生综合素质、培养其社会责任感的重要方式。然而，大学生可参与的志愿服务形式单一且长效协调机制尚不健全，造成志愿服务存在过程不畅、效率不高的情况。因此，大学生志愿服务常态化联动机制的研究有其现实的必要性。本文主要通过研究大学生志愿服务常态化的内涵，介绍我国大学生志愿服务的现状及存在的问题，从而进一步分析大学生志愿服务常态化受阻的影响因素，在此基础上提出志愿服务常态化的机制，并从政府顶层设计、青年成长、社会合作等方面探索维护机制有效运行的措施。

[①] 北京青年政治学院讲师，博士。
[②] 北京青年政治学院人文素质教育中心副主任，副研究员。

一、选题依据

（一）研究的意义

当前，各高校都十分注重在校学生综合能力的提升，为其走向社会和工作岗位奠定基础。大学生志愿服务是其走出校园、接触社会、参与社会的重要形式和途径。然而，目前大学生志愿服务还没有形成完整的体系，多是碎片化的参与，没有达到应有的效果。加强大学生志愿服务的实效性需要建立常态化的运行机制，将政府、高校、企业等机构统一起来，形成社会各部门相互配合的联动机制。因此，大学生志愿服务联动机制建立的研究具有重要的理论意义和现实意义。

1. 志愿服务工作需要有科学的理论指导

回顾北京奥运会、上海世博会等志愿服务工作，我们可以看到：中国在面临重大活动时，志愿服务容易出现"井喷"现象并得到快速发展，但我们应清醒地认识到志愿服务工作快速发展的同时，也存在诸多问题。例如，志愿服务方面的法律法规需进一步完善；全国没有系统化的志愿服务体系；志愿服务容易在大事面前活跃一时，但缺少长效的运行机制，等等。因此，作为志愿服务组织部门必须因势利导，将当前志愿服务事业的宝贵资源引向良性发展，这包括服务理念，道德品质，工作模式和管理方式的制度化与常态化建设。本文尝试通过对大学生志愿服务常态化机制的建设进行深入研究，厘清概念，探讨可行性方案，探索高校志愿服务常态化联动机制建立的理论依据。

2. 有助于完善大学生志愿服务工作机制

目前，越来越多的高校将大学生参与社会志愿服务作为综合考评的重要标准和衡量大学生成长成才的主要内容，大学生志愿服务在我国高等教育体系中的重要性愈发突显。随着我国志愿服务事业的不断发展，学术界对于大学生志愿服务的研究也越来越丰富，涉及志愿服务的模式、志愿服务的现状、中外志愿服务的比较、志愿者精神的培养等，这些研究成果都为丰富我国志愿服务提供了很好的理论支撑。但是，以往学者的研究主要侧重于大学生志愿服务的问题和传统实践模式，忽略了大学生志愿服务工作中如何建立常态化、系统化的机制，如何有效整合社会资源，共同营造大学生志愿服务的良好氛围，如何建立大学生志愿服务效果的综合评价体系。因此，研究大学生志愿服务联动机制对于原有理论研究将是一个突破。一方面，可以丰富大学生志愿服务的理论体系，另一方面，也可以拓宽目前的研究范围，深入挖掘现代志愿服务的人本主义内涵。

3. 践行社会主义核心价值观的有效形式

目前，高校进行社会主义核心价值观教育面临着诸多挑战。比如社会主义市场经济下，企业或个人不断追求经济效益最大化，因此产生了诸多难以预见的影响，包括收入差距拉大、环境污染、奉献意识淡漠，这与社会主义核心价值观所鼓励的公平正义有所背离。社会的正常运行，需要通过自我正能量的提升来抵消现实中出现的消极负面能量，志愿精神便是协调二者关系的润滑剂。志愿服务有其独特的优势：首先，它鼓励奉献，能够让人感受到社会正能量的存在；其次，志愿服务精神与追求物质利益至上不同，它能够让人重拾精神富足的社会认同感，引领人们更多关注社会文明、道德建设，增进人与人之间的信任，抵消过分物质化带来的负面影响；最后，我国将长期处于社会主义初级阶段，发展社会主义市场经济也是必然选择。因此，志愿服务工作也将是我国进行社会主义核心价值观教育的重要形式之一。

4. 以常态化机制促大学生成长成才

大学生在青年群体中占据重要地位，他们能否全方位提升自我直接关系到我国社会发展的质量。从近些年的实践过程来看，我国大学生志愿服务虽然得到蓬勃发展，志愿者人数不断增加，志愿服务领域不断扩宽，然而还存在一些不足。比如志愿者服务缺乏常态化机制和社会各部门的协调联动机制。志愿者联动机制的建立，一方面有助于解决当前志愿服务有投入缺实效、有参与缺系统、有热情缺常态的问题。另一方面可以将社会不同部门的志愿服务进行整合，防止出现奥运志愿服务"井喷"而社区志愿服务无人问津的局面。对于大学生志愿者而言，志愿服务常态化、系统化，有助于其提前规划好志愿服务内容，培养其长期奉献社会的精神和吃苦耐劳的品质，能够使他们在连续的志愿服务中发现问题，解决问题，逐步地认识社会，增强自我认同感和社会归属感。高校以学生成长成才为根本，志愿服务可以帮助大学生正确认识社会、认识他人、认识自我，对大学生主动适应社会要求，提高综合素质，明确学习目的，从而促进大学生的全面成长，起到了催化剂和助推器的作用。

大学生志愿服务常态化研究针对当前志愿服务存在的长效机制缺失问题，深入剖析，找到影响我国志愿服务常态化的因素，并进行归类，从而提出实现志愿服务常态化的不同模式，同时提出制度方面的配套政策，以保证机制的有效运行。志愿服务常态化的实现有助于将其制度化、系统化，对于志愿者的培养和社会的文明进步都会起到积极作用，这对于培养德智体全面发展的现代大学生具有积极的现实意义。

（二）文献综述

目前，国内学者对大学生志愿服务常态化联动机制研究较少。在常态化研究方面，部分研究对北京的志愿服务常态化问题进行了分析，提出虽然北京的重大活动较多，但不是时刻存在，北京志愿服务需要从重大事件的非常态向常态化转变，但并没有对常态化机制的设立进行研究。同时，他们提出青年是首都志愿服务的主要力量，但没有专门针对青年大学生志愿者的研究，研究层面不够深入。吴鹤明（2013）在大学生志愿服务常态化机制研究中指出了当前志愿服务存在的问题，包括服务内容单一、服务空间狭小、服务保障制度不完善、组织管理工作不到位等问题。同时，他还提出了大学生志愿服务活动常态化的意义，并对常态化机制建立的途径进行了简要分析，提出以社会主义核心价值观引领大学生志愿服务活动，完善高校和社会的合作机制，但该研究主要停留在发现问题的层面，并未对合作机制的建立进行深入剖析，研究偏重还是理论。在志愿服务长效机制方面，刘素婷、王宏（2013）针对大学生志愿服务的长效机制提出了研究观点，强调应该从多方面入手，加强四个机制的建设，包括宣传机制、管理机制、激励机制和保障机制，从而完善大学生志愿服务的机制保障，有利于调动大学生志愿者的参与热情；在志愿服务学分建设、就业推荐等方面提出了一系列观点，但并未对如何实现志愿服务常态化进行研究。鲁琴（2010）提出当前大学生志愿服务面临的机遇和挑战，应该建立合理的大学生志愿服务运行机制，包括建立合理的选拔机制、培训机制、评估机制等。这对于志愿服务长效机制的建立有一定借鉴意义。纵观国内研究的现状，学者开始突破传统理论的研究框架，将碎片化的志愿服务活动方式方法向长效机制研究发展，但遗憾的是，关于大学生志愿服务的常态化联动机制并没有更多涉猎。

国外研究方面，欧美国家对志愿服务的研究较为丰富，原因包括"二战"后西方国家经济起步早，社会服务的日益完善需要志愿者的加入，因此学者对此关注较多。欧美国家在志愿服务研究方面善于从问题出发，关注前沿理论，并不断探索，这对我国的志愿服务事业具有一定的借鉴意义。

国外有关志愿服务的研究主要侧重从社会的角度进行宏观探索，针对大学生志愿者的研究不多。美国国家与社区服务合作联盟（The Corporation for National and Community Service）的报告对美国成年人参与志愿服务的人数、服务时长以及创造的社会价值进行了研究。Arthur Blaustein 的研究主要从美国志愿者服务的历史研究其精神的传承，并进一步指出志愿服务如何成为美国文化的一部分，从而形成一种文化共识。他认为无论儿童、学生、中年人或是老年人都有理由参加志愿服务，特别是社区服务。该研究值得借鉴之处是提出了文化共识在推动志愿服务方面的重要作用，但并没有针对志愿服务常态化机制进行专门论述。Susan J. Ellis 和 Katherine H. Noyes 在研究志愿服务过程之中，主要针对美国政府的作用进行论述。他认为美国政府可以通过媒体宣传、国会立法、学校教育等方式推广志愿服务精神。同时，政府可以将大学生志愿服务的形式用法律加以规范，让大学生的服务活动得到相应的保护，也让大学生素质的培养和毕业的综合考评有了法律的保障。Steve等人认为志愿服务的长效机制需要制定全面的管理模式,包括市场需求、前期方案制定、激励机制、绩效评估等机制。在志愿服务联动机制方面,Huberman认为大学生志愿服务需要大学、社区、大学生、政府四个方面相互合作、相互配合才能顺利开展,但关于如何联动并没有进行深入探讨。当然,国外志愿服务研究是有其政治制度基础的,建立在本国具体国情之上。中国志愿服务研究应该结合现有国情,运用国外的先进理念和经验进行。

现有研究主要针对大学生志愿服务存在的问题及解决办法进行,对于志愿服务常态化联动机制的建立没有系统的表述。本文将从志愿服务的资源整合层面分析,将参与的大学生作为研究对象,围绕大学、志愿服务基地、社会组织、政府在志愿服务活动中的联动机制加以探索,从而理顺志愿服务常态化实施链条上的问题,并加以分析。

二、大学生志愿服务的现状及存在问题

目前,我国各界对于大学生志愿服务活动高度重视,志愿服务规模越来越大。根据赵少华和王华琳(2017)对中国国内105所高校的统计数据,2015—2016学年注册成为志愿者的大学生人数占在校生人数的62%。其中,本学年大学生志愿服务为1 857 934人次,累计志愿服务时长逾8 599 506小时(人均约7.27小时)。然而,在志愿者人数大幅增加的情况下,由于没有完善的管理运行机制,所以志愿服务效率有待提高。

（一）社会层面存在的主要问题

1. 大学生志愿服务活动区域发展不平衡

党的十九大报告指出，我国当前的社会主要矛盾已转化为人民日益增长的美好生活需要和不平衡不充分的发展之间的矛盾。这一科学判断也体现在志愿服务方面。目前我国区域经济发展不平衡，高校分布不均，导致我国东部经济发达地区和中西部经济欠发达地区的大学生志愿者服务活动存在明显差异。我国东部地区经济发展较快，集中了较多的优质高等教育资源，越来越多的青年大学生涌向东部，这也为经济社会进步提供了充足的大学生志愿者。相比之下，西部地区经济发展较慢，社会较为封闭，社会服务意识相对东部地区较低，大学生参与志愿服务的机会较少。这样发展的结果，东部地区大学生志愿服务朝气蓬勃，而西部地区服务活动内容相对较少，活动形式较为单一，整体水平落后于东部地区。从城镇和农村的角度来讲，由于高校绝大多数位于大中城市，农村几乎没有高校，所以城市的大学生志愿服务水平明显高于农村。而我国农村建设同样需要大学生志愿者的积极参与，需要高素质人才发挥智力方面的引领作用，目前的状况使农村志愿服务远远落后于城市。

2. 对大学生志愿者的社会保障机制不健全

虽然大学生志愿服务的初衷是培养学生无私奉献的精神，倡导学生艰苦朴素的作风，但大部分志愿者在默默无闻付出的同时并没有得到相应的机制保障。比如法律方面，虽然不同政府部门针对大学生志愿服务活动制定了一些准则和条例，但并没有从国家的角度加强对于志愿者权益保护的相关立法，没有从国家层面统一制定法律强制保护志愿者的合法权益。相关体制机制的不健全，让我国大学生志愿服务缺少了坚强的后盾，这对志愿者来说增添了服务背后的不确定因素，增加了大学生志愿服务的风险。朱莉（2016）的相关调查结果显示，在西部支教的志愿者中，有62.5%的受访者认为安全保障条件有待提高，16.7%的受访者表示对安全保障十分关注，只有20.5%的志愿者认为有安全感。

此外，大学生面临的就业压力越来越大，很多大学生志愿者参加志愿服务是想通过社会实践为未来求职打基础。然而，由于志愿服务整体缺乏协调机制，企业与高校之间并没有专门针对志愿服务优秀的同学建立就业推荐机制。以上问题若得不到解决，长此以往，不利于我国志愿服务事业健康、稳定、高质量的发展。

（二）学校层面存在的主要问题

1. 学校对于志愿服务的鼓励机制和监督机制不够健全

目前，我国各大高校都在积极鼓励大学生参与志愿服务，希望他们在服务中了解社会、奉献社会，但不同学校的鼓励政策又不尽相同，有的侧重志愿服务证书的发放，有的将志愿服务与评奖评优相结合，有的将志愿服务作为一门课程进行学分认定等。虽然各种激励政策的初衷都是好的，但在实施过程中，缺乏监督机制，偶尔会出现大学生志愿服务弄虚作假的现象，如某些大学生为了完成学分而采取投机取巧的方式盖章认定。这些说明我国高校对于大学生志愿服务的鼓励机制和监督机制不健全。

2. 志愿服务项目缺乏设计导致大学生志愿服务积极性不高

随着国家鼓励全面参与志愿服务的号召，青年学生有激情和意愿加入志愿服务之中来。但当大学生参加完活动总体感觉没有达到预期的目的时，就会对志愿服务产生负面情绪。因此，每次志愿服务都需要带队教师在前期进行周密设计，将志愿者的才能有效激发出来。应该针对不同的服务项目，召集有相关方面特长或爱好的大学生加入进来，形成团队，创建互帮互助的团队氛围，从而达到在服务中提升自我的目的，让大学生志愿者体会到奉献后的社会认同和自我价值的实现。同时，项目的设计应是双方共同协商进行，而不是以行政命令的方式下达，必须考虑大学生志愿者的服务能力。

（三）个人层面存在的主要问题

1. 大学生社会服务能力有待提高

随着我国对外开放不断深入，各种大型的赛事和国际活动在中国举办，这些活动对于志愿者的需求远大于目前的供给。但是在提供服务的大学生人群中，又有很大一部分人的服务能力不能满足相关活动的要求。服务能力的欠缺主要体现在志愿者服务专业化程度不高、服务礼仪培训不够、服务所需要的专业知识不足、服务中所需要的语言和心理素质不过关等。目前，高校组织大学生志愿者参与服务缺乏岗前培训，这使一些志愿者满怀热情投入工作时发现不知如何面对，这就要求我们应加大志愿者个人能力的提升。

2. 大学生志愿者参与服务的动机不一

志愿服务本应是不以追求经济利益为目的，为社会做贡献的公益行为，但在现实生活中，许多参与志愿服务的学生拥有不同动机。以往研究人员将志愿者的服务动机分为4种类型：理想利他型、利他利己型、完全利己型和盲目跟风型。理想利他型是出于奉献他人的目的，真诚服务社会，在此过程中实现自我人生价值，这是志愿服务的最终目的。后三种类型则被认为是不纯粹的志愿服务动机。在现实生活中，外界很难改变个体的服务动机，只能通过教育、培训和逐步引导的方式帮助志愿者朝理想利他型动机转变。周小舟（2017）通过调查问卷的形式对北京450名大学生志愿服务的动机进行了分析，如表3所示。结果表明，大学生志愿服务更多的是从利己动机出发。

表3 大学生参加志愿服务动机情况表

动机类型	志愿服务动机	人数/人	比例/%
利他动机	履行社会责任	21	7
	践行志愿精神	24	8
利己动机	锻炼自己,拓展视野	199	66
	丰富简历,服务就业	19	6
	提升自身专业技能	7	2
	丰富课余生活	24	8
其他	完成学校任务	5	2
	其他	2	1

三、大学生志愿服务常态化联动机制的建立

目前，我国大学生志愿服务的主要参与方包括：大学生志愿

者、高校、社会机构及企业、志愿服务基地和政府部门。每一项志愿服务活动会涉及以上的一方或几方。本文分析各参与方在大学生志愿服务过程中的作用。

（一）各参与方在志愿服务中的作用分析

1. 大学生是志愿服务活动的参与主体

虽然整个志愿服务过程是多方共同参与完成的，但不可否认的是，大学生是整个过程最直接的参与者和最主要的贡献者。随着我国志愿服务事业的发展，在公益实践、社区活动、扶贫支教中都会看到大学生志愿者的身影。目前，大学生志愿服务层次还在不断提升。以北京市志愿者学校——北京青年政治学院为例，大学生志愿者每年参加服务的时长至少为16学时，他们的身影不仅出现在社区、养老院、景点公园，还出现在奥运会、世博会、园博会、"九三"阅兵等重大活动场合，真正成为各项重大赛事活动的主要参与者。

2. 高校是大学生志愿服务的主要组织部门

高校是大学生志愿服务活动的主要组织和推动者。为了培养德智体全面发展的当代大学生，高校将志愿服务作为培养大学生综合素质、提升大学生社会适应能力的一项重要举措。为了更好地推动志愿服务的有效开展，高校需要制定相关的管理规定，包括服务注意事项、学分认定、评奖评优、就业推荐等。此外，高校还承担着志愿服务活动的联络、组织、培训及实施等任务。

3. 社会机构及企业是大学生志愿服务后期效应的评价主体

大学生参加志愿服务的一个重要目的是为就业打基础。社会机构及企业作为大学生就业的面试及雇佣单位，在招募大学毕业生时不仅看重学生的学历背景和学习成绩，更会将道德素质作为一项重要评价指标。大学生参与志愿服务是要让学生树立热心公益、服务社会的理想，这也是衡量道德素质的关键因素。因此，社会机构和企业担负着大学生志愿服务后期效应的评价任务。

4. 志愿服务基地是大学生志愿服务的反馈主体

志愿服务基地是大学生志愿服务效果的最直接见证部门。他们通过处理服务对象的问题和对服务对象问卷调查，可以及时了解大学生在志愿服务过程中的优点和不足。志愿服务基地通过召开总结会，将大学生志愿者的表现及时反馈给高校，不仅有助于双方加强合作交流，还有益于大学生自身问题的改进。

5. 政府是大学生志愿服务的顶层设计者

政府在大学生志愿服务活动中肩负着宣传志愿精神、扶植和培育志愿组织及制定保障政策的任务。在宣传志愿精神方面，政府通过报纸、电视、新媒体等方式积极表彰志愿活动和优秀志愿者。在扶植和培育志愿组织方面，政府通过财政拨款和对给予志愿组织捐赠的企业和个人实施税收优惠政策等，大力扶植志愿组织的发展，并对志愿组织提供培训指导。在制定保障政策方面，政府通过相应的立法，保证志愿者的合法权益和志愿服务活动的顺利进行。

（二）大学生志愿服务常态化联动机制分析

虽然各参与方在大学生志愿服务中都履行了相应的责任，但各方之间的组织分散和缺乏协调沟通也成为影响志愿服务效率和质量的关键因素。接下来，我们将从各参与方常态化联动机制方面探讨大学生志愿服务。具体联动机制如图9所示。

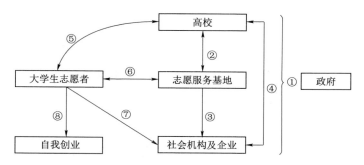

图9　大学生志愿服务常态化联动机制

说明：

①政府为顶层设计者，制定各部门联动合作的相关政策和保障制度；

②高校为志愿服务基地组织大学生志愿者，基地向高校反馈大学生志愿者的表现；

③志愿服务基地为企业提供大学生志愿服务的综合表现；

④将大学生志愿者的服务情况作为校企合作推荐人才的重要参考；

⑤大学生参与高校组织的志愿服务，高校将志愿服务作为培养指标；

⑥大学生志愿者与志愿服务基地建立信息沟通机制，共同受益；

⑦社会机构及企业在参照大学生志愿者服务表现的基础上录用员工；

⑧大学生的志愿服务为其自我创业奠定基础。

1. 发挥政府在志愿服务中的顶层设计作用

政府作为政策制定部门，需要做好大学生志愿服务常态化联动机制的顶层设计。首先，做好志愿服务精神的宣传工作。中国志愿服务事业还处于起步阶段，志愿服务文化的认同需要不断宣传，逐步深入人心。目前，可以充分利用多种渠道进行志愿服务精神宣传，比如通过微博公众号、微信推送、电视公益宣传等，这有助于志愿精神迅速传播。通过志愿精神宣传，让服务他人成为社会默认的规则，逐步在青年大学生心中生根发芽。其次，完善大学生志愿服务网络建设。在信息化时代，网络是人们对于外界知识传播的主渠道之一。大学生志愿服务网络体系的建立，有助于在全国范围内统筹志愿服务项目，充分发挥注册志愿者的专业优势，实现真正意义上的资源共享。再次，完善大学生志愿服务政策的保障。政府作为政策的制定者和协调者，需要从全局出发，为高校、社会机构及企业、志愿服务基地三者之间搭建合作平台。目前，高校与社会机构及企业、志愿服务基地之间主要是单方面沟通联系，比如大学生志愿者在志愿服务基地的表现会反馈到高校，但大学生求职时，公司对于大学生志愿服务的表现并不了解，结果导致在志愿服务中表现突出的大学生在企业面试过程中得不到加分。政府通过政策协调，加强志愿服务信息在高校、社会机构及企业、志愿服务基地三者之间共享和反馈。这样，一方面可以帮助高校在第一时间了解大学生志愿者在服务中的表现，将其作为实践学分认定和评奖评优的重要参考。同时，高校可根据大学生的表现为下一次活动向志愿服务项目推荐优秀志愿者。另一方面，志愿服务基地可以与企业共享大学生的志愿服务表现情况，为企业在招聘时提供重要依据。此外，高校与社会机构及企业建立的志愿服务常态化联动机制可以加强校企合作，帮助企业更多地了解大学生在校的综合表现和职业素养，为订单式培养提供参考，这样有助于解决大学生的就业问题。

2. 志愿服务常态化联动机制的核心是为大学生服务

大学生是我国现代化建设的主要人才来源，他们的素质水平关系到我国社会主义事业的发展进程。因此，大学生志愿服务的核心是为大学生服务，最终落脚点是提升大学生的综合素质。在常态化联动机制运行中，高校首先与大学生建立良好的志愿服务互动机制。高校为大学生提供志愿服务项目信息，加强志愿者的培训，做好大学生实践学分的认定等工作，形成志愿服务的激励机制，包括建立志愿者星级认证表彰工作，采用新媒体等技术手段广泛宣传优秀志愿者的精神和为他人服务的文化，深入挖掘典型人物、典型事迹，开展表彰工作。大学生在高校相关激励政策的指导下，结合自己的兴趣参加相应的志愿服务，其表现作为高校评奖评优的参考依据。志愿服务基地与大学生志愿者间建立联动机制，一方面可以为大学生提供常态化服务平台，增强对于志愿者的岗前培训，另一方面大学生可以及时关注志愿服务基地的项目，提前做好规划。此外，有志于长期参与志愿服务的大学生甚至可以毕业后利用工作之余参加活动，实现志愿服务的常态化、终身化。在大学生志愿者与社会机构及企业之间形成良好互动，企业可以了解大学生简历之外的更多信息，有助于企业招聘到真正需要的人才。以上常态化联动机制都是以服务大学生成长成才为核心，最终实现大学生志愿者、高校、社会机构及企业、志愿服务基地之间的互利共赢。

3. 志愿服务常态化联动机制将大学生创新创业作为重要目标

大学生作为我国的年轻知识人群，在拥有丰富的科学文化知识的同时尚缺乏社会适应能力和创新创业能力。目前，大学生在创业过程中，缺乏社会经验是一个普遍面临的问题。课余时间大学生多参加各种社会实践活动，有意识地培养自己的管理能力、创新能力和团队协作能力，有助于提升大学生的创业能力。志愿服务作为社会实践的重要形式，可以增加大学生接触社会、体验社会的机会。通过志愿服务，增强大学生自我认知能力、处理突发事件的能力、社会交往能力和学习能力。以上能力的提高，将为大学生成功创新创业提供保障。

4. 根据具体情况，建立不同形式的联动机制

由于每项志愿服务所涉及的规模、人数、重要程度、服务群体不尽相同，需要常态化联动机制具备灵活性，包括政校联动机制、校地联动机制、校校联动机制、政校地联动机制、志愿机构联动机制、志愿者联动机制。比如某些大型活动或是关注弱势群体的志愿服务，需要加强政府部门与高校的合作。政府部门要明确告知大学生志愿服务者所应该具备的能力，并为大学生参加志愿服务提供相应的交通和安全保障。高校要按要求动员大学生，并给予相应培训，组织大学生做好志愿服务和总结。此外，高校间发起的联谊活动，需要大学生志愿者配合，或是某高校承办大型活动大学生志愿者不够，需要兄弟院校大学生志愿者的支持，这些需要侧重校校联动机制。校校联动机制不仅可以加强同类院校之间的合作与资源共享，还可以促进不同层次高校之间大学生志愿者的交流。

参考文献

[1] 吴鹤明. 大学生志愿服务活动常态化机制探讨［J］. 石家庄职业技术学院学报，2013（2）.

[2] 刘素婷，王宏. 大学生志愿服务长效机制的建立［J］. 教育与职业，2013（6）.

[3] 鲁琴. 大学生志愿者活动长效机制研究［J］. 学校党建与思想教育，2010（10）.

［4］赵少华，王华琳.新时期高校志愿服务发展的机遇、挑战与对策［J］.中国青年研究，2017（12）.

［5］朱莉.大学生志愿服务活动存在的问题及对策研究［D］.哈尔滨：哈尔滨师范大学，2016.

［6］周小舟.高校大学生志愿者管理问题研究——以北京体育大学为例［D］.北京：北京体育大学，2017.

区块链技术应用于慈善事业初探

杜诗宣[①]　谢　湘[②]

摘要：我国慈善事业规模庞大、发展迅速，但是慈善管理水平跟不上经济发展速度，慈善资源得不到有效的利用，资源间也缺少有效的整合。区块链作为一项颠覆性的技术被业界寄予厚望，因此本文希望利用区块链技术来帮助慈善事业。本文对我国慈善事业的现状进行了介绍，并详细分析了区块链技术的优缺点与现有应用，并结合案例对区块链的前景和区块链技术在慈善事业中的应用进行了初步探索。

关键词：区块链　慈善

一、我国慈善的现状

根据中国慈善联合会发布的报告显示，2016年我国全年接收国内外款物捐赠共计1 392.94亿元，占全国GDP的0.19%，相比2015年增加25.65%；人均捐赠100.74元，比上年增加23.32%，无论在金额还是增幅均创下历史纪录。[1]

数据显示，我国年度慈善捐赠总量已接近欧洲发达国家水平，捐赠总量、人均捐赠量的年度增长率均大幅领先于美、英

---

① 北京理工大学信息与电子学院硕士研究生。
② 北京理工大学副教授，北京市"科技新星"，入选北京市优秀人才培养计划。

两国。

　　从数据上看，我国慈善事业规模很大、发展迅速，然而我国慈善事业中仍然存在许多问题，其中善款去向不透明、信息不公开、资金利用不当等向来被广为诟病。近年来，由于互联网的高速发展，信息不再像以前一样闭塞，使公众对慈善机构的信任受到了影响。

　　中民慈善捐助信息中心在 2010 年至 2014 年间在全国范围内对包括公募和非公募基金会、慈善会、红十字会、民办非企业单位，以及草根和境外组织等进行调查，通过网络监测、机构深度访谈和社会公众问卷调查等方式，从完整性、及时性、准确性、易得性四个维度分析公益慈善组织信息公开状况，并以网络问卷的形式调查公众对慈善信息公开状况的满意度。数据显示，2010 年，接受调查的慈善组织的平均分为 39.0，满意度为 9%[2]；2011 年，平均分为 33 分，满意度为 8%[3]；2012 年，平均分为 45.1 分，满意度为 9%[4]；2013 年，平均分为 43.11 分，满意度为 20%[5]；2014 年，平均分为 44.10 分，满意度为 28%。[6]

　　从上面的数据中可以看出，国内慈善机构的透明化程度有待提高，管理也的确存在很多的可优化空间，而这些问题不仅会动摇公众对官方、非官方机构的信任，也会导致资金利用不到位、人员不专业、信息获取不足。

　　由于国内慈善机构不够透明，也由于民众对慈善的认识不成熟，多数人对慈善机构收取管理费用较为敏感。[7] 为迎合民众的期待，一些慈善机构选择通过其他途径承担行政管理费用，不在慈善捐款中支取。然而，资金的限制必然导致人员专业程度的受限，而人员专业化程度不高必定会影响工作效率。

在美国，募捐行业是一个分工度很高的专业行业，慈善组织的募捐活动牵涉众多，非一人能够完成，需要众人群策群力，于各个领域中都有很多专业人员参与其中。一般来说，参与专业募款的人员主要包括募款顾问和专业募款人等。据资料显示，美国基金会工作人员的效率是上海基金会员工的 3 倍左右，专业募款人员的加入使美国慈善机构募款更加规范高效。"有偿"与慈善并不冲突，甚至会提高慈善机构的募款效率。[8]

目前，我国大部分民众仅被期待扮演出钱出力的角色，自身又没有对慈善机构进行监督的意识和能力，并且慈善机构出于各种原因也并不鼓励民众对其进行监督，缺乏有效的监督，建立于自觉之上的清廉只能是空中楼阁。由于缺乏了解，信任也非常脆弱，只需要几个丑闻就能毁掉之前的一切正面努力。

尽管如今国内慈善事业的局面是由多因素互相作用形成的，但民众不该是被责备的一方。因此本文对区块链在慈善领域的作用进行探索，希望这一颠覆以往架构的技术能给慈善事业带来一些好的改变。

二、技术介绍

由于区块链技术仍在飞速发展中，业界并没有对区块链给出一个明确的定义。一开始区块链是作为比特币的底层技术出现的，中本聪在 2008 年发表了一篇名为《比特币：一种点对点式的电子现金系统》的论文，描述了比特币的电子货币及其算法。2009 年，他发布了首个比特币软件，挖掘出了创始区块，正式启动了比特币金融系统[9]。

狭义来讲，区块链是一种按照时间顺序将数据区块以顺序相连的方式组合成的一种链式数据结构,并以密码学方式保证的不可篡改和不可伪造的分布式账本。从广义上讲,区块链技术是利用块链式数据结构来验证与存储数据、利用分布式节点共识算法来生成和更新数据、利用密码学的方式保证数据传输和访问的安全、利用由自动化脚本代码组成的智能合约来编程和操作数据的一种全新的分布式基础架构与计算方式。[10]

区块链并不只是一项单纯的技术创新,它是一个集合分布式、博弈论、密码学、网络协议等技术的综合学科。以比特币为例,中本聪充分地考虑到了其中可能发生的冲突、虚假信息以及恶意行为,构建出一个基于博弈论的自治社区,使比特币系统在没有管理员的前提下拥有很强的鲁棒性。虽然比特币对于真实世界的复杂系统来说相对静态和简单,但它背后的理念非常令人振奋,具有很大的开创性。也因此,比特币的底层技术——区块链受到了各领域的关注。

对自治社区来说,社区遵守的公约是最关键的部分,不同的公约必然创造出不同的社区。对区块链的公约来说,共识算法是其中的核心。如果希望将区块链用于慈善领域,必须对共识算法有一个清晰的了解,如图10所示。

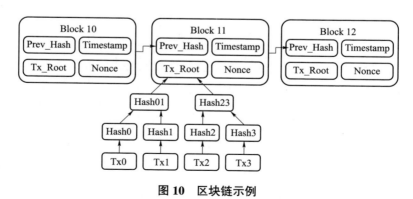

图10 区块链示例

1. 区块链的分类

对于新增区块，区块链采用共识算法来达成共识。在可能包含恶意节点的去中心化系统里，如何得到最优解，这是一个涉及多学科的复杂问题。计算机科学里有相应的问题，称为"拜占庭容错"（BFT）。BFT算法虽然多种多样，但目前为止只能应用在不超过100个节点的网络里，所以BFT算法在很多应用场景中不适用。因此，比特币区块链的创始人中本聪引入了"价值"，发明了工作证明机制。由于比特币区块链中有公认的"价值"，每个节点说话都需要一定代价，诚实节点会受到奖励，而恶意节点由于只付出代价而收不到奖励，变相受到了惩罚，这样就对恶意节点的破坏能力做了限制，最大限度保证了节点看到的最长链是合法的。

根据共识算法的不同，可以将区块链分为两种：

（1）公有链。公有链是指全世界任何人都可读取、可发送交易进行有效性确认，都能参与共识过程的区块链。公有链基本上采用工作证明或权益证明机制，链上的数据记录公开，所有人都可以访问，都可以发出交易请求，并通过验证被写入区块链。公共区块链的典型应该包括比特币、以太坊等。

（2）联盟链和私有链。联盟链是指参与区块链的节点是事先选择好的，节点间通常有良好的网络连接等合作关系，区块链上的数据可以是公开的，也可以是内部的，为部分意义上的分布式，可视为部分去中心化。典型应用包括超级账本、区块链联盟R3CEV等。私有链指参与的节点只有有限的范围，比如特定机构的自身用户等，数据的访问及使用有严格的权限管理。联盟链和私有链都采用BFT算法[11]。

工作证明机制有一定的代价，以比特币为例，数据认为，比特币每年挖矿的耗电量已经超过大多国家的耗电量，大约与保加利亚的耗电量相当。[12]而权益证明机制则没有像工作证明机制一样得到广泛的认可，尚有待时间检验。更重要的是，公有链必须有应对现实中复杂情况的能力。仍然以比特币为例，比特币的博弈论前提是大部分节点是理性的逐利者，会采用最佳的策略来赚取最大的价值，因此在比特币价值很高，或不涉及比特币外的利益时，比特币社区的稳定才能得到维护。而 BFT 算法作为投票算法，节点的数量必须被限制，由于节点数不多，只能视为半去中心化。联盟链和私有链的不完全去中心化受到了不少的质疑，有人认为其违背了区块链的初衷。

在将区块链投入实际应用前，必须根据慈善应用场景的具体需要对共识算法进行仔细挑选。

2. 区块链的特点

根据区块链的设计，我们可以得知区块链技术有着如下特点：

（1）去中心化。由于使用分布式核算和存储，不存在中心化的硬件或管理机构，任意节点的权利和义务都是均等的，系统中的数据块由整个系统中具有维护功能的节点来共同维护。

（2）开放性。系统是开放的，除了交易各方的私有信息被加密外，区块链的数据对所有节点公开，任何节点都可以通过公开的接口查询区块链数据和开发相关应用，因此整个系统信息高度透明。

（3）自治性。区块链采用基于协商一致的规范和协议（比如一套公开透明的算法），使整个系统中的所有节点能够在去信任的环境自由安全的交换数据，使对"人"的信任改成了对机器的信任，任何人为的干预不起作用。

（4）信息不可篡改、不可撤销。一旦信息经过验证并添加至区块链，就会永久地存储起来，除非能够同时控制住系统中超过51%的节点，否则单个节点上对数据库的修改是无效的，因此区块链的数据稳定性和可靠性极高。

（5）非实名。由于节点之间的交换遵循固定的算法，其数据交互是无须信任的，因此节点无须通过公开身份的方式就可以获得信任。

然而区块链也并不是完美的，它也有着一些问题：

（1）扩展性。从区块链的结构中可以得知，随着区块链的发展，节点存储的数据体积会越来越大，存储和计算负担将越来越重。因此，整个网络的总存储和计算能力，取决于单个节点。甚至当网络中节点数过多时，可能会因为一致性的达成过程延迟降低整个网络的性能。

（2）处理性能。由于公有链的共识算法实际上是最长链算法，为避免延迟带来的问题，公有链对性能做了限制。以比特币区块链为例，目前比特币区块链只能支持平均每秒约7笔的吞吐量，对于大额交易，确认时间大约为1小时。联盟链和私有链可以支持每秒1 000次以上的读写。

（3）系统安全。区块链在设计上基于现有的成熟的密码学算法，但系统是由人设计的，系统也是由人来运营的，只要有人参与的系统，就会出现漏洞。以太坊上有一个项目The DAO由于其自身漏洞，导致黑客窃取了当时价值约6 000万美元的以太币。以太坊开发团队通过修改代码，强行"夺回"了黑客所控制的DAO合约币，但一部分矿工并不认同这个修改，以太币从此进行了分叉。2018年的4月22日，黑客利用以太坊智能合约中的漏洞，成功地向两个地址转出了天量级别的 BEC 代币，导致市场上海量 BEC 被抛售，该数字货币价值几近归零，给 BEC 市场交易带来了毁灭性打击。虽然这仍然可以通过回滚数据来解决，但如果以太坊希望能被普遍地应用，那么只有回滚这一手段是不够的[13]。

（4）区块链发展受到现行制度的制约。一方面，区块链去中心、自治化的特性淡化了国家监管的概念，对现行体制带来了冲击。另一方面，监管部门对这项新技术也缺乏充分的认识和预期，法律和制度建立可能会滞后，导致与运用区块链相关的经济活动缺乏必要的制度规范和法律保护，无形中增大了市场主体的风险。

（5）区块链技术与现有制度的整合成本。对于任何创新，现有机构都要保证既能创造经济效益，又要符合监管要求，还要与传统基础设施衔接。特别是当部署一个新型基础系统时，耗费的时间、人力、物力成本都非常大，现有传统机构内部遇到的阻力也不小[14]。

3. 区块链目前的应用

目前，很多领域对区块链的应用展开了探索，有些应用没有落地，但比较有希望，在这里也进行介绍：

（1）数字资产领域。不光是比特币区块链等数字货币，其他各种有形、无形的资产也可以进行数字化。这个领域参与的公司有很多，国内商业应用比较成熟的有布萌区块链。

（2）金融贸易领域。金融贸易需要多方参与，区块链可以提高其效率。在对账和资金管理方面，中国首家互联网银行微众银行的区块链技术应用已经落地；票据和供应链金融方面，京东金融的技术也比较成熟。

正在探索的领域有：

（1）公证领域。区块链开放和不可篡改的特性非常适合应用在公证领域，麻省理工学院媒体实验室目前正在开发一款适用于公证领域的软件。

（2）证券市场。证券交易市场也是非常适合应用区块链的领域。传统证券交易效率低、成本高，区块链是很好的解决方案。探索这方面应用的公司也非常多，如世界前四大交易所中的两家：纳斯达克–OMX集团以及伦敦证券交易所。

（3）支付系统。许多银行投入了区块链的研究中，其中最为著名的有由40多家国际银行组织结成的R3区块链联盟，其主要致力于为银行提供探索区块链技术的渠道以及建立区块链概念性产品。R3区块链联盟于2017年宣布放弃了区块链技术[15]，但有很多公司仍在尝试。

三、区块链如何应用于慈善事业

区块链最大的特点是去中心化、不可撤销、不可篡改，这是它有别于P2P网络或其他技术的地方。因此，在以下三种场景中区块链可以起到不可替代的作用：一是已有中心，需要去中心；二是没有中心，迫切需要中心；三是由于没有合适的中心，场景无法成立。

第一种场景最常被提到。在慈善领域的应用里，中心可以是不受信任的筹款平台、慈善机构的审计。目前，国内的实践有众筹平台轻松筹，阿里巴巴蚂蚁金服的区块链慈善等，国外的实践有英国的Disberse平台，联合国世界粮食计划署（WFP）的叙利亚难民援助项目等。这些实践的主要目的是利用区块链的不可篡改性，将区块链用作可追溯的分布式账本，保证资金、粮食流入受助者手中。

以众筹平台轻松筹为例，虽然由于对求助信息审核不严，轻松筹遭到了很多人的批评，但没有人质疑平台私自扣留了捐款，因此可以说区块链的确是解决信任问题的良药。

第二种场景，虽然经常被忽略，但区块链能带来很大的改变。没有中心的原因有很多，可能是多方存在利益冲突不互相信任，也可能是旧有中心成本很高，需要新的低成本中心。在以往，如果涉及慈善机构的多方合作，如果有政府或者占主导地位的组织参与其中，中心天然是政府或大型组织。然而在没有能被多方共同承认的合格第三方时，区块链可以是一个优秀的解决方案。并且，假如旧有的中心成本很高，区块链也是一个廉价的替代方案。

目前国内互联网慈善项目众多，如果希望把各平台整合在一起，按照旧有模式，一定是规模较小的平台被规模较大的平台吸收，因此小平台相对大平台更不愿意合作。如果将区块链作为新的中心，虽然平台和平台都被链接到了一起，但它们仍然相对独立。因此可以说区块链能帮助资源整合，促进平台、企业、机构在慈善方面的合作。

诈捐、骗捐是慈善中的一个很大的问题，将平台与平台通过区块链链接起来可以解决这个问题，如果有人诈捐、骗捐，就可以通过记录追溯、检测、问责、加入黑名单。

节约成本方面，在第一种场景中提到的 Disberse 平台和联合国的叙利亚难民援助项目里，区块链不仅起到了分布式账本的追溯作用，还因为取代了银行减少了在汇率和银行费用支付方面的损失。其中，Disberse 平台的目标是加快援助分配的速度，进行从提供方到接受者的无差异交易追踪。它使用区块链来监测以确保有需要的人能获得相关资金，且的确减少了汇率和银行费用带来的损失。英国慈善机构 Positive Women 已经利用 Disberse 平台完成了试点项目，用于降低斯威士兰教育项目的汇款费用。捐款通过当地援助机构从英国汇到四所斯威士兰学校，使用 Disberse 平台节省了 2.5% 的费用[16]。叙利亚难民援助项目，也证明区块链作为新中心，可以大幅度减少向金融服务公司的付款，同时可以增加受益人的隐私权，以及更快地对账[17]。

第三种场景，是区块链蕴涵的潜力。目前社会中大部分的应用和服务，都是中心化的，这是由于中心化整合了大量资源，相对高效，因此我们需要检查慈善项目中的每个环节，是否有中心化能带来效率提升的环节。区块链是去中心化的，应用区块链，即使没有合适的中心，仍然可以提升效率。比如说，使用区块链建立慈善信用链，或者更进一步建立公民信用链，让慈善与个人信用记录挂钩，让慈善欺诈成本上升。信用链不仅可以用在对受助者的认证，还可以用来整合志愿者、捐助者的资源，或者鼓励民众参与这方面的活动。

区块链提供的不是完全的去中心化，可以灵活地使用区块链技术在任何层面，进行任何程度的去中心化。尽管去中心化并不完全，但在在可靠性上，它仍然会比完全的中心化的系统强，因此区块链在慈善领域的使用可以非常灵活。

四、问题与展望

区块链作为一种新技术，虽然有着各种各样的优点，但也并不万能。区块链保证了线上的信息公开、透明、不可更改，但是慈善活动不是数字的游戏。如何在信息上链时确保数据的真实性，这是一个难点，这必须通过现实世界里的努力才能保证。这在区块链的其他应用，比如说区块链诚信体系建设中也是一个关键。

如何有效利用筹集到的资源，使其利用效率最大化，这也涉及其他专业，单由区块链无法带来太多的帮助。

更重要的是，慈善的主体是整个公民社会，要提高整个社会的慈善意识，促进慈善事业的发展，在建设合理完善的制度的同时，必须依靠整个民间的力量。

目前来看，区块链技术已在世界各地呈现方兴未艾的发展态势。区块链的技术细节也许会不断更新，但是它背后的理念永远不会过时。区块链的安全特性与信任机制，使它被许多业内人士寄予厚望，有人认为区块链技术是第四次工业革命，它将会像互联网一样改变世界。无论区块链是否能在未来世界中起到像今天的互联网一样的作用，我们都可以期待区块链能成为在多行业领域发挥作用的重要技术引擎。

社会塑造技术，技术同时也塑造社会。区块链的普遍应用会给社会带来多么奇妙的改变，我们不得而知，但区块链必会给慈善领域带来振奋人心的变化。

参考文献

［1］《2016 年度中国慈善捐助报告》．

［2］《2010 年度中国慈善透明报告》．

［3］《2011 年度中国慈善透明报告》．

［4］《2012 年度中国慈善透明报告》．

［5］《2013 年度中国慈善透明报告》.

［6］《2014 年度中国慈善透明报告》.

［7］http://epaper.ynet.com/html/2018-02/04/content_278118.htm?div=0.

［8］王劲颖. 美国基金会发展现状及管理制度的考察与借鉴［J］. 中国行政管理，2011（3）：58-62.

［9］https://zh.wikipedia.org/wiki/%E4%B8%AD%E6%9C%AC%E8%81%AA.

［10］袁勇，王飞跃. 区块链技术发展现状与展望［J］. 自动化学报，2016，42（4）：481-494.

［11］http://www.8btc.com/on-public-and-private-blockchains.

［12］https://digiconomist.net/bitcoin-energy-consumption.

［13］http://www.cebnet.com.cn/20180424/102484922.html.

［14］长铗，韩锋，等. 区块链：从数字货币到信用社会［M］. 北京：中信出版社，2016.

［15］https://www.coindesk.com/r3-director-2017-year-dlt-pilot/.

［16］https://www.reuters.com/article/us-aid-blockchain-idUSKBN19X0A1.

［17］https://www.coindesk.com/united-nations-sends-aid-to-10000-syrian-refugees-using-ethereum-blockchain/.

村寨银行、村庄内生式发展与乡村治理
——以云南河源村为例

丁平君[①] 杨善华[②]

摘要：在现代化进程下，为了消除城乡二元壁垒，实现城乡一体化发展，国家和社会向农村输入大量的公共资源和公共服务，以推进乡村治理，促进乡村社会的顺利转型。但良好的意愿并不一定能带来乐观的结果，在现实中，无论是政府主导的规划性输入还是社会公益组织的参与式援助，都面临着公共资源大量流失、虚耗和低效的困境。本文以公益组织 E 团队在云南河源村开展的"社区发展与环境保护"项目中的子项目——"村寨银行"为例，从微观经验的角度，重点考察进入农村社区的公共资源如何在村民自主管理的情形下，以发展社区经济为杠杆，结合社区内的社会、文化资源开发和环境资源保护，通过自组织建设和制度创新，激活社区的公共治理意识，重建社区凝聚力，进而达到社区整合的目标。

关键词：村寨银行 村民自主管理 社区凝聚力 内生式发展

---

① 北京三生研究院研究员。
② 北京大学社会学系原副主任，教授，博士生导师。

一、问题的提出

  我当村（民）小组长以来，一直关注这个问题，就是农村的这种现实，越来越苦的这种现实，你看，反正山也砍完了，该用的资源也用完了，该累的比城里人更累嘛，他付出的没比城里面的人少，但他为什么发展不起来？一直在心里面是一个问号！

——村民小组长 LYK

  在现代化进程的推动下，昔日视一亩三分地为整个世界的分散农户，一边不由自主地被卷入到一个更加开放、流动、分工的社会化体系和世界话语体系中，另一边却又被这股由外而内、由上而下席卷而来的现代化洪流不断地推向边缘。日渐凋敝的乡村社会，农民生活贫困、公共治理涣散、生态环境衰败、乡土文化淡薄、市场挤压下的经济弱势等，这一切正在销蚀着仍由小农经济为主导的中国中西部的农村社区。未来农民将何去何从？乡村社会应如何应对这个历史转型期？如何在"变与不变"的选择和融合中，确立自身的独立性和主体性？这是只要小农经济仍为主导的中国农村社区都无法回避的问题。

  进入 21 世纪以来，为了应对现代化压力下对城乡、工农协调发展的要求，国家从传统的"汲取型"政府向"服务型"政府转变，积极推动"以工返农，以城支农"的惠农政策，向乡村输入大量的公共物品和公共服务。2006 年，中央政府一举废除延续了 2 000 多年的农业税赋，还斥巨资 3 000 亿在全国范围积极推进"新农村建设"。与此同时，社会公益力量也纷纷介入和参与其中，试图通过优化公共资源的配置，从经济援助、观念更新和技术服务等多角度来重新激发乡村社会的活力。然而，从已实施的项目的成果来看，虽然这些举措在一定程度上改善了农村的生产和生活水平，更新了农村的基础设施，但从总体上来说，其所产生的经济效益和社会效益并不是很理想，农村扶贫"越扶越穷"的魔咒仍迟迟得不到破解。

笔者认为，产生这一现象的主要原因在于，在公共资源的主要供给者（中央政府）以及社会补充力量（公益组织）与服务主体（乡村社会）之间存在着多重隔阂，作为资源投放者的政府组织和公益组织，习惯于以功能主义的精英视角来看待和定义乡村发展，忽略了经济运行其实是嵌入于社会关系之中的动态变化过程，也忽视了社区村民自身作为治理主体的主导地位，加上因缺乏自组织建设、制度缺陷等因素造成交易成本的增加，使公共资源在发放与受用的对接上出现了困难。

那么，对中西部地区农村而言，如何将"以村民为主体"从观念层面降至现实层面，成为乡村治理中的内在活力，实现社区自主管理？笔者试图通过一公益团队在云南农村的"内生式"项目实践为例来回答这个问题。当地村民在公益团体的介入协助下，打破传统的资源分配和利用方式，通过"村民主体"的确权，使其成为公共资源的分配、决策和执行主体。与此同时，村民亦通过自组织建设和制度建设，将社区的公共经济、社会、政治、环境资源进行有机捆绑和结合，利用叠加优势，激活诸种公共资源，促进社区共同体的建设，最终达成社区自主管理和自主发展，增强了社区凝聚力，达到社区整合的目的。

二、资料来源和概念界定

笔者从 2010 年秋，随 E 团队入驻河源村，开始实施"社区发展与环境保护"项目。这些年一直以志愿者和独立记录者的身份对项目过程进行半跟踪式的观察、拍摄和记录，积累了大量的视频资料和访谈材料，这些便成了本文的资料来源。

内生式发展，或称内源式发展，是1975年在联合国大会上一份关于"世界的未来"的报告中提出的一个概念，报告认为，"如果发展作为个人解放和人类的全面发展来理解，那么事实上这个发展只能从一个社会的内部来推动"。此外，这一概念还包括消除绝对贫困、自力更生、保护生态以及必须伴随着社会经济结构的变化等内容（张环宙，黄超超，周永广，2007）。而E团队实施的"内生"则更多地体现在社区发展的微观层面，体现在项目行动过程中"以村民为主体"的社区服务理念，充分尊重社区自身的传统文化和现实需求，秉持"不做主，不规划，不引领"的服务准则，在促进村民的自主意识生成的基础上，实现自我能力的内生、资源的内生、文化的内生以及制度的内生。

三、河源村经济、社会状况

河源村是云南Y县的一个行政村，地处丽江市和大理州的交界，背靠老君山国家公园，距县城80公里，距国道公路的直线距离是9公里。河源村有460多户人家，14个村民小组，共2 067人。这里居住着白族、纳西族、普米族、汉族、傈僳族5个民族，全村总面积为108平方公里，居住比较分散。

河源村共有耕地4 700多亩，人均耕地2.34亩，但接近90%的土地为坡地，并且由于地处高寒山区（居住地的海拔在2 400~3 000米），不适宜种植水稻。村民主要以种植洋芋、玉米、蔓茎以及白芸豆为主，这些作物的经济回报值普遍较低。但这里是冬虫夏草的产地，而且每年 6 月雨季来临时，便是村民上山采菌子的时期，采摘冬虫夏草与菌子这两项构成了村民的副业收入。

河源村属于典型的西南山区，村民生活贫困，村里没有其他公共经济收入。2010 年，在笔者入村调查期间，村委会提供的村民的年人均收入为 850 元，到 2014 年，村民的年人均收入增加为 1 500 元。村里的公共品投入也十分有限，仅靠政府的政策性投入，比如修路、引水这些基础设施。

20 世纪 80 年代之前，河源村曾拥有一片极其繁茂的原始森林——老君山森林，森林覆盖率在 70% 左右，经千百年长成的大树密密麻麻地布满林区，生物多样性极为丰富。实行家庭联产承包责任制以后，林业管理过于松弛，各路人马开始蜂拥进入老君山森林，大肆砍伐。

一种"过了这村没那店"的抢夺式心理使河源村瞬时成了一片"无主之地"，到 1998 年，国家实行禁伐政策的时候，原本繁茂的原始森林已经变成了稀稀疏疏的次生林，水土流失现象十分严重，森林资源濒临枯竭。县政府想尽各种办法，仍然制止不了这里的乱砍乱伐现象。在这种情况下，E 团队选择了"村寨银行"这种方式作为实现村民发扬自主性达到自组织的手段，有效地解决了河源村的自然环境保护问题。

四、典型示范——引发村民组建村寨银行的愿望

1. 外出学习

那么，靠什么才能将一盘散沙的村民重新"捏合"成一个每

个人都知道自己需求，每个人又都能从中受益的共同体呢？E 团队认为，这需要经历一个漫长的"培育"和"建设"的内在变革过程，关键在于能否激活村民的自主性和能动性，从而自发地组织起来。

2010 年 9 月底，E 团队进入河源村。不过河源村民并没有将 E 团队的进入当回事，不少村民在私下嘀咕："这些人又来搞什么名堂。""不过是穿红的走了，挂绿的又来了！"

在大家半信半疑间，项目官员 GGD 开始组织村民代表外出学习。"好吧，就当是出去免费旅游一趟，不去白不去！"被村民大会推选出来的十几位村民代表就这样去了邻省贵州的"古胜村"——一个比河源村还要穷的地方。古胜村村民的年人均收入才 600 多元，石漠化十分严重，守着乌江河谷却喝不上水。但颇神奇的是，在国家强制实施"天然林保护工程"管制无效的情况下，村民却在项目促进下自己实现了对环境的全面保护，还发展了生态产业。这个村子的成功一下激起了河源村民的兴趣。随着一个个故事的讲述，古胜村民如何组织起来、如何集体修路、如何制定封山规则、如何建立村寨银行以及如何发展生态产业等成功做法就展现在河源村民的眼前。

河源村民白天参观，晚上讨论，其中"村寨银行"和"股份制生态产业"这两个新鲜事物"锁"住了大家的目光。

2. "农民教农民，一教一个准！"

这是一个由村民自投部分资金集资入股，E 团队以 1∶1 比例配入公益资金，然后合成本金由村民自我运行和自我管理的村寨金融借贷系统。古胜村的某个小组已从最初启动时的 1 万多元，经过一年一次的借、还贷，发展到了今天的 2 万多元，而且，在无第三方的监督下，至今竟无一人不还钱。

他们的思路由此被打开。原来，只要将责任和利益挂起钩来，我们自己就可以保护山林并享有保护的成果。E团队负责人DY笑称"农民教农民，一教一个准"。

DY之所以选择用"农民教农民"的方式来推广农民的经验，是因为DY认识到，专家讲得再好，他对农民的内在需要可能还是不了解的，在情感上也是有隔阂的。而农民与农民之间却有一种天然的默契，并且还会产生一种"我们将来一定能比他们做得更好"的较量意识。

另外，"农民教农民"的过程，也是一个将惯常的"教"和"学"分离的过程，让大家在兴趣的引导下自然地投入地去认知、思考和提出问题。E团队负责人DY认为，"让大家来学习，不是来看人家做了什么，而主要是看他们在做的过程中产生的问题，比如说原来我们项目给了钱，可是钱怎么就没有了？原来他们很团结，但是后来怎么又不团结了？因为这些问题以后我们河源项目点同样可能会遇到"。

3. 让农民自己当家做主

"村寨银行"脱胎于20世纪90年代贵州草海保护区的"村寨发展基金"。作为这一项目规划者之一的DY认为，当年的村寨发展基金后来之所以出现坏账、死账等情况，其原因主要在于基金的权利主体是援助方而非村民，基金管理缺乏内在的制衡机制。因为在与作为基金权利主体的外援组织合作时，农民的绝招通常是表面上团结起来，投其所好，骗下钱来则大家"有福同享"。

DY坦言，他起初屡屡"上农民的当"。比如，他曾经"号召村民选出最穷的'协进户'"，"评选当天，讨论热烈，几乎打起来。但过了几天之后，我才知道，自己被骗了，那笔钱其实被全村人平分掉了。"

在"强制"和"被忽悠"之间，DY 开始寻找"第三条道路"。以贵州古胜项目为起点，DY 开始将"以村民为主体"与社区的"经济发展""环境保护""社会资本培育"等串联在一起，在促进多元素"共振"的效应中，寻求根本性的突破。经过不断的求证和试错，终于"磨"成一个可以让社区村民实行"自转"的借贷模式——村寨银行。而 DY 自身也在这个过程中完成了从"管制和引领"到"服务与促进"的意识转换。

"从村寨发展基金到村寨银行主要历经了这样三个阶段：第一阶段是资金由外面的人来管；第二阶段是由社区内部的精英来管；第三阶段是社区内人人都是管理者与监督者。"DY 说自己之所以能将"村寨发展基金"逐步改良成了今天的"村寨银行"①，在很大程度上得益于对草海项目的不断反思以及对每一个项目缺陷的改进。

4. 关注人的发展和社会组织的发育

村寨银行正是基于这样的考虑，选择了从"经济"的功能入手，让其在"社会"的层面汲取营养，从而在社区获得持续生长的基础。DY 在总结这方面的经验时曾谈道："文化习惯的改变是一个漫长的过程。我做了 20 多年的社会实践，整个中国的农村也好，城市也好，我们缺失的不只是经济和金钱，而是在获得钱的过程中缺乏权利意识和组织意识，缺乏产生制度的秩序和维护制度的习惯，也缺乏社区的信任基础。"

所以，在村寨银行设置的过程中，他强调了这样的原则：通

---

① 自 2002 年以来，DY 先后在贵州古胜、内蒙古阿拉善和云南丽江，将村寨银行作为子项目嵌入"社区发展与环境保护"项目中。至 2013 年，在无第三方介入管理和监督的情况下，贵州古胜的村寨银行已由村民自我管理和运行持续达 11 年之久，内蒙古阿拉善的村寨银行已顺利运行 7 年。

过老百姓需要用钱这一需求杠杆，撬动老百姓自我管理能力的提升，让他们遵守制度，培养遵守契约精神的习惯。"经济指标只是一个次要目标，社会目标才是整个村寨银行的第一目标。村民户户都有等同的权利，来参加村寨银行，无论你是村长还是贫困户，不分强势和弱势，每人都是公平的一票，参加的人，必须出一半的钱，整个管理制度必须是由他们自己来制定。所有的人同意后，这个银行才能实施。整个管理和监督（必须）由他们自己完成"。在河源村，他们就是这样实施的。

可见，对于 E 团队而言，村寨银行的经济功能就像是一根"针"，社会功能则是一根隐性的"线"，其主要目的在于通过"穿针引线"这个过程将社区分散的原子化个体逐一串联起来，在项目行动中形成利益和责任共同体，共同受益，共担责任。因此，E 团队将村民在参与建立村寨银行过程中所经历的讨论、争吵、决策、制定制度和投入运行管理的整个过程，视为整个项目的核心支点——激活村庄失落已久的公共生活的源泉。

五、"自愿"第一，抓好试点，稳步推进

"古胜那么穷的地方，都能封下来山，那我们为什么不能？"从古胜培训回来的河源村新房组小组长 LYK，一门心思地想在自己的小组成立村寨银行，"我们新房组也有共管山，一直是村干部和护林员在管，但始终没有办法管住，山差不多已经被砍光了"。他认为古胜项目的精粹主要在于村寨银行，没有村寨银行，山不可能保护得下来。于是他便积极地组织大家开会，熬夜挑灯给村民讲，"古胜的人如何保护山，如何通过保护来发展生产"。

LYK曾这样介绍他们的讨论过程：

一开始大家都说："好，有一群人来给我们送钱，干吗不把他们骗进来，他们叫我们封那就封吧。把钱先骗进来，至于以后封不封再说。"但村民后来弄明白了，要想得到E团队的项目资助，必须先封山。于是大家开始争吵不下，（因为）谁都不愿意封山，而且又怕万一山被封了以后，被人家给骗走了咋办。所以，第一次会议不欢而散，后来又开了第二次、第三次会议，经过很多次讨论后，大家最后才终于同意封山共管。

在这个过程中，我们可以看到村民在谈论与自己切身利益相关的事情时所投入的关切以及最后做出决定前的谨慎。而且村民与村民之间在私下里也会依据"各自的理解"来进行交流，相互传递和解释自己的想法和观点，这是于"熟人社会"才可能有的信任基础。

而作为资助一方的E团队也对项目做了必要的解释。DY这样回应村民最关心的问题："村寨银行这个钱么，是希望让老百姓可持续使用，今年能用，明年能用，10年以后还能用，让这些钱在老百姓的社区里面，长时期地帮助大家去发展，而不是一次性丢给谁就完了，这叫人人受益原则。只要是在村里有个户头，他就有权利，只要你的保护还在，你的山没有乱砍乱伐，那这个钱就一辈子在村里滚动。还有一点是，钱是你们自己管理，不是外人管。"

有了"经济利益"的激励，又过了"信任"这一关，项目差不多就算有眉目了。新房组从小组内部的解释、讨论、争吵、停滞、妥协、达成共识、选出管理人员、制定管理规则——30户人家决定参加（新房组共33户，运行两年后，余下的3户也申请加入），再到形成项目建议书、参与项目竞选答辩，以及与

E 团队讨论资金配比达成协议等，经过 4 个多月时间的搓磨，历经数十次的村民会议后，决定在 2011 年 2 月 17 日这一天正式启动村寨银行。

这一天正好是元宵节，启动仪式安排在村里一所废弃的小学门口。村民怀揣提前准备好的 1 000 元钱，一早从家中出发赶来这里。他们不但要集资，还指望着能够有好运气抽到第一批签。所以每个入股户的家庭至少有一人到场，一般都是户主。项目管理小组先与 E 团队当场签订具有法律效应的合作协议，获得配比的资金后，便开始进入村民入股户的集资、抽签和借贷的环节，主管 LJY、会计 LPS 和出纳 LJY 则是当天任务最重的三人，LJY 主要召集和组织这次活动，LPS 负责记账、LJY 负责数钱、发放贷款，整个过程井然有序。

新房组与 E 团队的出资比例为 1：1，每户出 1 000 元，30 户共计 30 000 元，E 团队每户匹配 1 000 元，共 30 000 元，合成本金共 60 000 元。分三批轮流进行借贷，每批 10 户，第一批每户借贷额为 6 000 元，利息率经大家集体讨论后，定为 5%，由于当时已是 2 月，村民提议为了便于计算，最好是以一年度为一轮，所以，当村民商议后决定将第一期的还贷日定为当年的 12 月 17 日，以后则每年以 12 月 17 日这一天作为还款日和借贷日，所以第一批的借贷期仅为 10 个月，到 2011 年 12 月 17 日，第一批还款连本带利一共为 6 300 元。依此类推，利息一直滚动累积计入本金进行持续借贷，或作为整个社区将来的公共积累，这些钱经由村民集体讨论后，可以用在社区的公共事务上。

至 2013 年 12 月 17 日，新房组已顺利完成第一轮的三批借贷，还款额为 7 081 元，并已进入了第二轮的借贷循环。①

为什么村寨银行这个项目会成为新房组的第一选择？这是因为对于大多数村民而言，他们已经看到了村寨银行的经济互助功能的有效性。对于从土地上"刨收入"维持生计的村民来说，谁家都会有临时需求三千、五千的资金周转。不过，LYK"钟情"的却是村寨银行背后的东西。他曾这样说："我不在乎这个钱多还是少，我在乎的是它的效益，它能够带动大家，将大家唤起来一起来做一件事情！农村自从实行联产承包责任制之后，大家就很难团结起来了。"

随后笔者看到的是，率先成立的新房组村寨银行对周边其他小组具有一定的示范效应，在"熟人社会"中通过口口相传的方式，了解村寨银行的运行状况、管理细节，以及贷款是否能够帮助家庭发展，用来发展什么比较好，等等。通过熟人与熟人、亲戚与亲戚之间的闲聊，其所产生的信任度要比 E 团队的宣传更为可信，比如单岭组、牛住山组等的村寨银行都是在这种村民信息传递以及项目官员促进的情形下成立起来的。而另一些小组，则先是通过一段时间的旁观，看人家是不是每一批的借贷都还回来，这个机制到底可不可信，有没有约束力？有了百分百的把握之后，他们才会选择参与。

---

① E 团队与村民签订的合同，以三年为一个周期。2013 年 12 月 17 日，第一周期结束，进入第二周期。E 团队提出将自己本金所产生的利息提留给河源合作社，以促进全村的公共发展。但遭到村民的极力反对，他们的意思是肥水不流外人田，并且也不相信合作社能为自己提供服务。最后经过与 E 团队项目官员 CXF 几个小时的"讨价还价"，协商同意提留 20%给合作社。此外，在还款当天，村委会主任 YZY 意外地带来由乡政府资助的 2 万元现金，说这是奖励性地配给新房组的村寨银行的，进行滚动使用，所以，第二周期第一批村民的借款额为 8 870 元。但对于 YZY 的这个行为，LYK 表示十分不满（还款当天，LYK 因外出打工，未到现场），他认为新房组的村寨银行经历 3 年，好不容易把大家的"自主性"动员起来了，现在又因政府的"施舍"行为而遭到破坏。

六、不怕"大家吵得凶"

在村寨银行酝酿的过程中，LYK 得出的一个经验是："吵架是好事，大家吵得凶，说明他们关心这个事，吵完了他还想做，说明这事儿能做得成，不然就是虚的，做不长久。"

而会议中争论的焦点除了"不让砍树了，让我们靠什么活"的顾虑之外，还在于对村寨银行与村民 1∶1 配比的借贷机制以及村庄内部信任缺失的担忧，"万一人家骗了我们的钱怎么办？""如果借款的人死了，还不了钱，又怎么办？"乱哄哄中还有人高声嚷嚷："如果有人故意不还钱，咋整？"

很多次会都在吵吵嚷嚷中不欢而散，LYK 也觉得心烦。他理解大家为什么对村寨银行一开始如此不信任。这是因为前些年，村委会做过一个促进会但失败了。"情况也是类似于村寨银行这样，大家先把钱交到村委会，再叫村委会分散借给农户，但那是一个人借给几个人，你去追债的时候，又变成一个人去向大伙儿要钱，那钱自然是要不回来了。所以，一开始大家的意见分歧就集中在这儿了。LSX 是坚决反对的一个，促进会的钱，他也借了，但他坚决不还。他知道啊，这个东西有点危险，他有亲身体会。"

村民的保守性使他们忠实于自己的经验判断和理性思考，而不会轻易冒险。因此，当 LYK 将 E 团队的村寨银行项目介绍进入社区时，村民凭着自身的经验同时看到了村寨银行"利益"与"风险"并存的两面性，但是在缺乏任何信任基础的情况下，为了避免在获得"利益"的过程中，可能因"细浪"涌来的"灭顶之灾"（斯科特，2001），大家就自然地走到一起，就如何共同对付这个"预想之灾",开始"吵",直到"吵"出一个人人认为安全的办法,并以制度的形式制定下来。如 LYK 讲的:"在这个不断讨论的过程里面,大家一起发现问题,解决问题,商量怎么来制定制度,这就是一个成长的过程。后来,大家就讨论出了抵押啊,然后全部人去他家要钱啊,因为现在是人人说了算嘛,你有 1 000,我有 1 000,在这里面,大家能力强或能力弱的都是一样的。"

在这个"吵"的过程中,LYK 担负着重要的解释工作。这不光因为他是小组长和外出学习的代表,而且还在于他完全信任村寨银行这个机制。在古胜学习的 3 天中,当他发现村寨银行这个"宝贝"后,便心心念念地想把它搬到自己的村里来,只不过村民觉得心里没有底。而当了 18 年小组长的 LYK,他最清楚村民心里想要什么和怕什么。"我就跟他们讲,1/3 原则,好比三家的钱凑在一起,每家轮着借,还的时候是两家人向一家人要,你肯定要还嘛。而且在村子里面有传统,如果一二十家人上你家门去,就算一样东西都不用拿,个个到你家去喝一杯茶,那个味道是谁都受不起的。你想我们农村里的礼尚往来,红白喜事,牵涉的面很大嘛。① 如果你在村里活成这样的话,你可以说连人都不是了,基本上你无法在村里进行正常的生产生活了。所以,现在大家一起商量出来的话,是制度在管人。"

在七嘴八舌的乡村会议中,看似混乱的场面却正在孕育社区共同规则。随着讨论的推进,争辩的内容开始慢慢变得清晰,对于要实施的项目,他们也有了更进一步的了解,并建立了初步

---

① 2016 年 5 月,我们在河源村对 LYK 进行追访,问到他觉得什么样的做法才能制止村民借钱不还的违约行为,LYK 回答,最有效的方法是之后他们家的红白喜事大家都不会去帮忙。可以想见,在"社区情理"之中,这样的做法就等于是"开除"了违规者的"村籍",将他彻底边缘化。这就是熟谙农村生活中的人情世故的智慧。

的信任。"制度的自发发展是基于规则公平的共识。"（杨小凯，1995）在这里，村民集体会议搭建起了一个开放的公共讨论平台，每个人都拥有同等的权利，通过自己的观察和理解，他们可以自由地发表意见、提出疑问，并随之讨论出一个人人愿意接受的管理制度，最后内化为村民心里真实不虚的共同规则，使村寨银行在建立之初便在社区拥有充分的合理性和公共性，也使村民在充分确认自我安全和合理性评估的基础上，谨慎地为将来的发展做出自认为理性的选择。显然，这就是外来项目在社区生根的第一步。

由于还款的日期是每年的同一天，这样，这一天就如同村庄的一个既定仪式，所有的村民都会自动放下手中的农活，聚到一起，等上一批的还贷结束，下一批的借贷就自然开始。这样的聚会无形之中也形成了一个开放和流动的公共空间。这让笔者联想到涂尔干所强调的公共仪式对社会整合的重要作用（凯特·纳什，阿兰·斯科特，2007），虽然涂尔干是从宗教仪式促进社会整合的角度而言，但笔者认为这也同样适用于社区内的仪式对社区凝聚力的促进作用。因为在这样的过程中，"人人在场，人人关心"这样的状态，让村民意识到这是一件"必须认真对待"的事，所以自然形成了一种群体压力，进而通过这样的压力强化了个体责任，直接促进了村民自我约束、维护公共秩序的自觉性，达到了社区整合的目的。

七、理论小结与启发

从 E 团队确立"服务与促进"的思路，引导河源村村民打破传统的资源分配和利用方式，以发展村寨银行为契机，通过

"村民主体"的确权,使其成为公共资源的分配、决策和执行主体,而村民亦通过自组织建设和制度建设,将社区的公共经济、社会、政治、环境资源进行有机捆绑和结合,促进社区共同体的建设,最终达成社区自主管理和自主发展这一案例,我们可以获得如下几点理论上的收获与启发。

1. 对等式利益捆绑:把公益的钱和村民的钱"搅"在一起来用

DY认为,现在的农村虽然穷,但穷的不仅仅是钱,而且还穷在人与人的关系趋于冷漠和发展观念上存在误区这两个方面。他认为"内生式"发展其实是一个基于"钱"而又必须超越"钱"的行动过程。"钱"和"项目"虽然是连接大家的纽带,但激发村民主体意识的却是"讨论如何花钱"和"项目执行"这一过程。在商品经济发达的今天,传统乡土社会里的那种认同感和凝聚力已经淡化,原先作为社区团结支柱的那种带有主导性的互助互惠的社会关系也逐渐让位于日益凸显的交易关系和金钱关系。那么,在这种情况下,要让一个正在趋于瓦解、公共管理涣散的社区,重新团结起来,能依靠什么呢?DY通过自己多年的实践,认为只有"有钱,大家才会走到一起"。但"用钱的方式方法就需要考虑,作为政府的公共品投入也好,作为非政府的公益资源进入也好,它只是手段,而不是目的,如果你一天发50元,就像发扶贫款一样,发完了就完了,大家也就不来了"。所以,"需要一个能随时把大家凝聚在一起的力量,那么——就不能让这笔钱消失,这笔钱一消失,大家的凝聚力就又涣散了,所以,这笔钱必须轮流使用,长久滚动"。村寨银行便是这样一个在"长久滚动"中将大家"凝聚"在一起的事物,通过一年一度的借钱、还钱,便在"盘活"钱的同时也"盘活"了人与人的关系，从而自然地创建了一个人人参与、人人关心的公共领域。

同时，为了从机制上保证项目能长久地"活"在社区，而不至于出现当公益团队在3~5年之后撤离后，遭遇当年"草海农民协会"一样的命运，拥有丰富的农村工作经验而又深谙农民秉性的DY，在"如何让项目内生"的设计上下了很大的功夫。他的绝招就是把公益的钱和农民的钱"搅"到一起来用。

DY看到，"现在农村有一种普遍的状况是，他们把政府的钱或其他公益的钱骗来用掉，似乎已经形成了一个常识"。那"什么是村民不能容忍的呢？那就是——我家的钱，你坚决不能拿走！于是，必须想办法把外来的钱变成他自己的钱，他想要用这笔外来的钱，自己也必须出钱，然后搅到一块儿用，才有可能使他们对外来的钱像对待自己的钱一样珍惜"。不过，"农民也很精明，他就像钓鱼一样，他拿出100块来参加，到时候他可以分走1 000块，或者分走200块，他也觉得赚了"。所以，"很重要的一点是要考虑到制度的重新构建，所以我们公益配的钱，叫有条件使用，你出1 000块，我配1 000块。这种方式，同时也在训练他们的契约意识。既要给村民一定的经济补偿，也要让村民以组织化形式参与到对自然生态的管理中，让他们来管钱管事，把权利、义务分配到每个人头上，形成相互制衡"。

实践已经证明，DY这样的思路是正确的。

2. 是发展不是扶贫——"钱能永久使用下去！"

村寨银行作为一个由社区自我管理的小型金融系统，利用"利益"捆绑机制，实现社区经济互助发展的背后，依赖的是社区公共社会资源的整合效应。E团队每年投入河源村的公益资金并不多，也就是几十万，但为何它却能在社区"存活"了下来，而没有遭遇惯例中的"水土流失"？村民认为 E 团队与其他项目不一样的地方，主要在于他们投入的钱，从一开始就声明要一直"活"下去，而使其"活"下去的法宝便是"让农民自己当家做主"，让农民自发地去认识项目、运作项目和管理项目，同时也享受项目的成果，这是使村民能把一分钱当成三分钱来花，并使之成长为支撑社区实现可持续发展的公共资源的主要原因。

在河源村大麦地小组，用了将近一年时间来推动村寨银行的村民 ZQY，感受最深。他说自己在走村穿巷做动员工作过程中遭遇到很多挫折，经常被村民误解说"你到底拿了 E 团队多少好处啊，这么卖力为他们工作"。他坦言，自己最后坚持做下来的原因，便在于 E 团队的用钱模式吸引了他，也鼓舞了他后来投入建立天麻股份制。"不管做什么，他（E 团队）就是把这 100 块钱给你，也不会说让你用到什么地方去，而是要让这个钱能够永久地存活下去。说实话，前面的机构嘛，基本上下来就是直接给钱的，你要什么，好，我给你，要什么东西，就给你建在那儿，就这样了，建完了就完了。对于我们老百姓，你这样一直给的东西，你一直扶贫，这样给下去，到最终，像人家说的越扶越穷嘛，始终是改变不了。但 E 团队呢，就是一定要让你把这个钱合作下去，周而复始地使用下去，（这钱）就不能是死的！"

因此，以"人的变化"为基础，让村民成为社区建设的真正主体，建立村民自组织，从而将村民个体的发展需求与社区集体的公共利益结合，最终让进入社区的公益资金不但实现"钱生钱"，而且还成为凝聚社区团结的助力——这是 E 团队的项目在社区得以"保鲜"的主要原因。

3. "组织起来，这个过程就是内生"

"组织起来，一句话讲完了，但组织起来是一个很繁复的过程，发现问题、解决问题，很长的一串，要做起来就是'内生'。通过开会呀，讨论呀，虽然难度有点大，但是村民的认识、行为，慢慢会改变，这才是真的财富。"

在建立村寨银行的过程中，村民们走到一起交流，共同讨论如何建立借贷的规则和制度。随着讨论的深入，一个个分散的村民个体凝聚起来，团结起来，村民渐渐地懂得个人利益与公共利益之间互依互存的关系，并学会克服自己身上不足，村民的理性思考和公共行动能力也在这个过程中逐步得以提升，并开始懂得以契约的形式来尊重和服从大家讨论出来的规则和制度。如上面LYK所言，这在时间上可能会比较漫长，因为村民的观念、行为乃至习惯的改变，并不是一个一蹴而就的过程。只有当村民从集体无意识的依附状态逐渐转向一个成熟、独立、自主的"完整的个人"时，才可能成为真正的"主体"，从而付诸社区的"内生"行动。

对于河源村民而言，E团队所带进来的公益资金、发展理念、技术信息以及团队成员的服务，就像投入湖心的一块石头，打破了社区原有的静态结构，促使社区村民自发地动员起来，组织起来，建立社区"自组织"。这样的"自组织"产生于村民的现实需求、能力基础和资源条件，同时也服务于社区村民自身的发展需求。显然，这就是"组织起来，这个过程就是内生"的题中之意。

4. 制度与制衡机制必须扎根于"社区情理"之中

笔者在河源村调查时发现，这个村庄劳动力外流的情况不是很严重，大多数的三四十岁的壮年男女，留在村里种地、从事各种副业，借此谋生。因此，它还是费孝通教授在《乡土中国》一书中指出的村民生于斯，长于斯，老于斯，守望相助的"熟人社会"。河源村的案例在这里有两条经验非常有价值：首先是政府或民间组织的公共资源的投入必须换来内生的发展，让村民能够自立；其次是项目要能持久。而要做到这两点，关键在于如何"发动"与如何"制裁"（违约行为）。以笔者所见，前者需要像DY那样，熟谙农民的秉性，了解他们一心求利但又不肯承担风险而先期投入的小农意识，后者则需要知道他们的软肋，因为制裁只有戳到他们的痛处才会真正收效，从而达到制止违规和违约行为发生的目的。把这两条合在一起，就是制度必须符合农村的实际。但因为最了解农村情况的就是村民，所以这也就是说只有村民自己通过争论，以"社区情理"①（比如红白喜事需要乡邻帮忙）为前提制定出来的制度才是有生命力、能够贯彻执行的。河源村的案例也充分证明了这一点，这也使他们不管是前边的村寨银行还是后边以种植天麻而组成的股份制合作社都得以持续良性运行。

2013年3月，丽江市委书记到河源村考察，在与村民座谈时说："这个合作社呢，你要看到它最积极的内核，就是股份合作，这个才是它最积极的一点，大家的心被集体拴在一起了，以资本为纽带把大家拴在一起了。"

---

① "社区情理"是杨善华提出的一个概念。他认为，"在一个相对封闭及文化相对落后的社区中，存在着由地区亚文化决定的某些为在该社区中生活的多数人所认可的行为规范及与此相适应的观念。这些规范和观念可能有悖于一定社会的制度和规范或者与一定的社会制度和规范存在着某种不适应。但因为社区的封闭性且居民文化层次较低，所以这样的社区行为规范和观念仍得以存在并发生作用。而在社区中生活的人在选择自己行为时则首先考虑自己的行为能否为社区中的他人所接受并把它看作自己行为选择的主要标准。换言之，只要他们的行为能够得到在同一社区中生活的多数人的赞成，他们就认为可行。"（参见杨善华、沈崇麟，《城乡家庭：市场经济与非农化背景下的变迁》，浙江人民出版社，2000年，第242-243页）

参考文献

[1] 张环宙,黄超超,周永广. 内生式发展模式研究综述[J]. 浙江大学学报：人文社会科学版,2007,37(2).

[2] 詹姆斯·C·斯科特. 农民的道义经济学[M]. 南京：译林出版社,2001.

[3] 杨小凯. 我所了解的哈耶克思想[J]. 经济前瞻,1995(10).

[4] 凯特·纳什,阿兰·斯科特主编. 布莱克维尔政治社会学指南[M]. 杭州：浙江人民出版社,2007：291.

以社会创业为切入点,全面提升我国高校创业教育的实施路径研究

王小虎[①]　陈　姚[②]

摘要: 随着人们对社会公共产品及服务需求的不断增加,社会创业作为一种崭新的创新理念和创业形态,在近年来受到了越来越广泛的关注。本文在分析我国社会创业教育发展现状及存在问题的基础上,对欧美地区高校开展社会创业教育的经验做法进行了梳理研究,并结合我国本土特色与欧美高校的经验做法,从课程体系、师资建设、实践平台3方面探析了我国社会创业教育提升大学生创新创业综合能力的路径。

关键词: 社会创业　社会创业教育　大学生创新创业

近年来,以解决各种形式的社会问题而不是以商业盈利为主要目标,世界范围内正在有越来越多的社会创业者和各类组织,通过创建具有可持续商业模式的社会企业,在带动经济增长、消除贫困、解决就业和保护环境等方面发挥了重要的作用。基于这种全球性、广泛性开展的社会实践所形成的"社会创业"行动及其理论,被事实证明是推动可持续发展、包容性发展的有效方

[①] 中国人民大学资产处处长,创业学院副院长,副研究员。
[②] 中国人民大学招生就业处副处长,创业学院执行副院长。

式,未来也将对"满足人民日益增长的美好生活需要""让改革发展成果更多更公平惠及全体人民"等党的十九大报告提出的经济社会发展的宏伟目标发挥更大的作用。

2016 年 12 月,习近平总书记在全国高校思想政治工作会议中强调,高校思想政治工作关系高校培养什么样的人、如何培养人以及为谁培养人这个根本问题,要坚持把立德树人作为中心环节,把思想政治工作贯穿教育教学全过程,实现全程育人、全方位育人,努力开创我国高等教育事业发展新局面①。2017 年 8 月 15 日,习近平总书记给参加第三届中国"互联网+"大学生创新创业大赛"青年红色筑梦之旅"大学生回信,对上百支参赛团队走进延安,学习延安精神,服务革命老区的行动予以充分肯定,希望广大青年扎根中国大地了解国情民情,在创新创业中增长智慧才干,在艰苦奋斗中锤炼意志品质,在亿万人民为实现中国梦而进行的伟大奋斗中实现人生价值,用青春书写无愧于时代、无愧于历史的华彩篇章②。发扬"青年红色筑梦之旅"精神,将精准扶贫这一全面建成小康社会的攻坚任务,与当代青年的创新创业相结合,是富有时代性、科学性和挑战性的战略命题。在学习习近平总书记重要回信的指示精神、贯彻落实高校思想政治工作会议的政治要求的大背景下,社会创业的内在追求和实践方向可以说与立德树人、精准扶贫等战略命题密切相连,因而其在本质上也是一种更高层次的创新创业形态,更能够体现大学生创业的创新意义和社会价值。当然,从社会创业的本身来看,它也需要更加精妙的商业模式设计、更加扎实的产

---

① 习近平.全国高校思想政治工作会议讲话[N].人民日报,2016-12-09.
② 新华网.习近平总书记给第三届中国"互联网+"大学生创新创业大赛"青年红色筑梦之旅"的大学生的回信[EB/OL].http://news.xinhuanet.com/politics/2017-08/15/c_1121487775.htm,2017-08-15.

品服务、更加多元的员工激励，从而实现更加丰富的社会溢出效应。

在宏大的历史背景和社会需求关注下的社会创业教育，为深化高校创新创业教育的改革和发展拓宽了视野、提出了更高的要求。相较国内而言，国外高校社会创业教育发展起步较早，已经形成了较为成熟的系统化经验和教育教学成果，对我国高校开展好社会创业教育、坚持立德树人具有非常重要的借鉴意义。因此，本文通过研究欧美地区高校开展社会创业教育的经验做法，旨在将其社会创业理念引入我国高校社会创业教育中，以完善我国高校创新创业教育体系，推动社会创业教育良性发展，提升大学生创新创业综合能力。

一、我国高校社会创业教育的发展现状和存在问题

（一）社会创业教育的教学内容与实践脱节

相较于社会创业对创业者素质和能力的更高要求，我国高校的创新创业教育仍处于起步和摸索阶段，现有的创新创业教育更加侧重于商业创业领域上的教学内容，对社会创业的关注和支撑还有很大的空间。用传统的商科知识、以获取经济可持续和投资收益为主导的创业模式，显然无法满足社会创业行动的现实需求，这也对我们的创新创业教育提出了更高的学科交叉和教学互动要求。总体上，现阶段我国社会创业教育开设专门课程的很少。据笔者的不完全统计，目前仅有中国人民大学在本科阶段开设了单独的一门全校选修课程《社会发展与社会创业》。全国范围内来看，就更谈不上教育的体系性或系统性了。在 2012 年面

向全国公布的教育部"创业基础"课程教学大纲中，没有特别设置专门的篇幅讲授社会创业的基本概念和相关理论。这也在很大程度上决定了各高校在实际开展的"创业基础"全校必修课程中，很少有教师专门讲授相关内容的环节设计，更多的是以讲座、交流等短期而不系统的形式开展教学，教学随意性很强。讲授内容与我国社会创业的本土特色结合度较低，特别是结合国家的扶贫攻坚、农业农村、环境保护等政策，另外基于特定的社会团体管理政策等核心内容的课程开发度还很低，与社会学、公共管理等学科的交叉程度不够，难以发挥学科优势，导致社会创业教育课程无法满足不同层次学生对社会创业知识与实践的需求。

（二）社会创业教育的教学组织与实践脱节

当前，我国高校社会创业教育的教学组织处在一种尴尬而边缘的地位。在传统商科或管理学科视野内，围绕社会企业开展的科研仍处于新兴阶段，很多研究还处在实践提炼与案例总结阶段，教学组织工作难以系统开展。而在社会学、公共管理等学科内部，尚未将社会创业或公共部门创业作为一个单独的专业或课程门类进行划分，相关的师资和教案都很难专注于这一领域的挖掘开发，使在这一方面有理论思考和实践积累的教师未能得到应有的关注。在这样的背景下，高校的社会创业教育教学缺乏相应的组织基础和运行保障，教师没有归属感，课程开设得不到学校甚至所在专业的重视，教师往往凭个人兴趣或志愿爱好作为一种奉献来从事教学工作，严重阻碍了专业化社会创业师资队伍的发展。除此之外，由于社会创业对创业理论与实践高度融合性的要求，社会创业师资除了必须具备专业的社会学、公共管理、企业管理等方面的理论知识外，更需要具有丰富的实践经验和实操能力。相比商业创业对"双师型"只是要求有过企业任职经历的教师而言，能满足社会创业这样特殊要求的"双师型"条件的教师在目前国内高校仍然极度匮乏。

（三）社会创业教育的教学资源与实践脱节

因其与整个社会系统和社会运行的紧密连接，并与现实世界中的个人、社区、企业、基层政权等社会单元发生密切的互动关系和广泛合作，社会创业是一套极其复杂而系统的社会实践过程。相应地，社会创业教育单纯地依靠高校的力量和资源来组织教学既不现实也不可能。因此，社会创业迫切需要与外部机构形成联合互动，有效吸引与对接社会资源。这些资源包括政府、企业、社区等外部机构，尤其是社会组织（包括一般的社会团体、非政府组织、国际组织，也包括一些对华友好、给予我国经济社会发展实质性帮助的国际性非政府组织）。同时，高校社会创业实践还特别缺乏资源统筹性的平台，无法满足学生的社会创业实践需求。当前国内开始出现以平台性行动来整合社会创业教育资源的良好趋势，例如前文提到的"青年红色筑梦之旅"活动。2017年，依托第三届中国"互联网+"大学生创新创业大赛，教育部成功举办了"青年红色筑梦之旅"实践活动。"青年红色筑梦之旅"通过组织大学生创新创业团队走进革命老区、农村地区，与当地的农户、合作社、学校、政府部门进行项目对接交流，将高校的智力、技术和项目资源辐射到广大农村地区，推动当地社会经济建设，助力精准扶贫和乡村振兴。这是社会创业实践教育的一次有益探索，我国高校应以此为契机，依托学科专业优势，集聚政府、社区、社会企业、社会组织等多方资源，根据创业团队在不同发展阶段的需要建立社会创业实践平台，为学生的社会创业项目保驾护航。

二、欧美高校社会创业教育开展的经验

欧美高校的社会创业教育兴起于二十世纪八九十年代。美国哈佛大学开设了全球第一门社会创业课程，拉开了高校社会创业教育的序幕，随后各高校纷纷效仿哈佛大学模式，开设社会创业课程，社会创业教育得到了快速发展。"社会创业教育"之父格雷格·迪斯教授提出，高校社会创业教育不仅应该遵循传统创业教育的路径，还要侧重于解决社会问题，培养学生对社会创业机会的警觉性，从创业能力与社会责任的双重层面引导学生，完善高校创新创业教育体系（倪好，2015）。欧美高校的社会创业教育在进入21世纪以后得到了迅速发展，斯坦福大学、伯克利大学、纽约大学、杜克大学、宾夕法尼亚大学、哥伦比亚大学等世界一流高校纷纷开设社会创业课程，加入社会创业教育的行列，社会创业教育的模式也逐渐由传统的商学院主导模式转化为学科交融模式，部分知名大学建立了社会创业研究中心，如斯坦福大学的"社会创新中心"、杜克大学的"社会创业促进中心"等，使社会创业教育研究得到了飞速发展（戴维奇，2016）。社会创业教学项目开始逐渐发展成为辅修或主修专业，如牛津大学赛德商学院首次在MBA学员中开设了社会创业课程；2004年，哈佛大学开始招收社会创业专业的博士生（杜晶晶，王晶晶，2015）。欧美高校的社会创业教育从单纯课程开设逐步迈入专业化人才培养的轨道。经过30多年的发展，欧美高校的社会创业教育在课程组织、教学方法、教学实践、资源整合等方面积累了丰富的经验。

（一）学科交叉导向的课程内容组织

社会创业与传统的商业创业不同，它只是将实现经济价值作为组织的一个短期目标或次要目标，更长期而主要地注重社会价值的创造。因此，社会创业者不仅要像一般创业者那样识别创业机会、组建创业团队、整合创业资源、拓展融资渠道等，还要学会如何实现经济目标与社会目标之间的平衡，如何设计兼顾经济效益与社会效益的商业模式等问题。

为了设计出更加契合社会创业者实际需求的课程体系，欧美高校在社会创业课程中引入了一些新的理论和方法。首要的知识路径之一是将商科知识与解决社会问题的取向和实践相结合，这也是社会型企业创立的初衷和核心要务。几乎所有的美国大学的教学大纲都结合社会创业的特点和实际开发了相应的课程内容，形成了涵盖社会创业融资、社会创业绩效评估、社会创业商业模式和计划、社会企业管理等主干课程。其次是选取统计学、社会学等相关学科前沿研究和可用知识应用于教学。将创业行动的社会效果影响等原来较为笼统和模糊的问题进行量化，以更好地解决社会创业的经济可持续问题，如引入一些量化研究社会影响的计量方法[1]。新方法的引入使欧美高校的社会创业课程内容更加具有针对性，也让学习者在未来实践中可以有更多的技能和手段来应对环境的变化和不同的要求。除此之外，欧美高校还将社会创业与专业教育教学紧密结合。例如，伦敦大学将社会创业与小企业管理课程相融合，牛津大学将社会创业课程与金融学、营销

---

[1] 例如途安（Tuan）所归纳的8种衡量社会影响的方法，包括成本效果分析（CEA）、成本效益分析（CBA）、SROI方法、福利成本比率、BACO比率、预期收益（ER）方法、"每影响成本"方法、基金投资泡沫图。（参见 Tuan, M. T, 2008, "Measuring and/or Estimating Social Value Creation: Insights into Eight Integrated Cost Approaches", Seattle: Bill and Melinda Gates Foundation.）

学、组织行为学等学科知识相融合。通过这种灵活多样的课程模式，使社会创业教育理念融入人才培养全过程，提升了学生解决社会问题的能力。

（二）灵活多样的教育教学方法

欧美高校社会创业教育在教学方法上具有灵活多样、形式多变的特点，在注重学科互补性的基础上，主要采用互动交流、案例分析、小组讨论等灵活多样的教学方法，以此来丰富社会创业教育的内容，加深学生对社会企业的理解，全方位提升学生社会创业技能。

1. 邀请社会企业家代表到校开展互动交流

交流的对象除社会企业家外，还包括各类相关基层社会单元的成员，例如政府、社会组织等机构负责人。交流的内容除了讲授成功的经验，还包括目前存在的社会问题、企业运行中遇到的困难。当然，这种交流是现实可见的课堂行为，在背后则邀请这些实务工作者，参与课程开发、大纲涉及乃至具体的课程社会实践之中。

2. 对社会企业进行实地调查和案例开发

欧美高校非常重视社会创业案例库的建设，并鼓励学生亲身参与案例的开发与编写过程。教师可以组织学生就来校参与交流的社会企业开展调研，也可结合学生感兴趣的社会问题或社会领域进行调研。当然，这种教学方式能够成功的前提，是教师提前要对学生进行专业的教学案例写作和学术调研方面的培训，进而给学生创造机会开展系统的企业游学和深度访谈，从而保障学生在案例企业的研究过程中能够真正提炼出其成功的经验和模式的奥秘（戴维奇，2016）。

3. 组织社会创业计划书写作训练

围绕创业教育的核心内容和阶段性成果，编制一份切实可行、得到认可的社会创业计划书，可以让学生全面印证和操练所学知识，更是一个全面加深对社会创业理解、全面把握社会创业实践的重要环节，有助于提高社会创业的成功率。欧美高校社会创业教育将传统课堂与非课堂教学方法的有效结合，不仅能够激发学生的社会创业热情，还能够全面提升学生对社会创业的认知。

（三）应用导向的创业训练和创业实践

欧美高校在社会创业教育中更加注重实践性和体验性。

1. 积极组织以社会创业为主题，或与解决社会问题相关的各类创业模拟或学科类竞赛

通过比赛的形式以赛促学、以赛代练，来激发学生的创新创业意识，特别强化创业是为了更好地解决社会问题这一学习目的，使创业教育实现更高层次的教育价值。非常典型的案例就是 2012 年哈佛大学校长 Drew Faust 亲自启动的全校性竞赛"来自校长的挑战"。该比赛每年为参赛者选定 5 个重大社会问题作为竞赛主题，如教育革新、平价医疗、能源与环境、经济发展与可持续雇佣、可持续就业、政府有效治理等，吸引全校学生以创业精神解决社会问题（戴维奇，2016）。相比国内一些创业赛事，国外高校的比赛并不侧重于宣传学生获奖后的奖金，或学分奖励、保研加分，而更加注重学生的参赛体验和比赛过程，特别是通过比赛获得对社会问题更加深入的认知，以及获得全面的创业训练。

2. 注重社会创业实践平台的构建

一方面，通过社会型企业的形式来完成一部分高校的社会服

务职能，注册资本来自学校创业基金或相关领域的捐款。这些企业积极鼓励学生参与运营，为学生打造社会创业实践平台。企业交由学生持股经营并配备创业导师，这种模式不仅可以使学生深入了解社会企业的运营方式，还可以使学生在创业导师的指导下学习社会创业知识、积累社会创业实战经验。典型的如哈佛大学开办的贝克曼网络法律公益诊所、哈佛法律创业项目，为法学院学生提供社会创业实践。另一方面，让学生参与各类面向社会问题的社会调研和管理咨询项目。

3. 组织学生到社会企业实习

因为社会创业的前沿性和创新性都非常强，所以学生自身很难把握企业的成熟度以及实习的深度。由学校直接牵头与行业领先企业建立长期、正式的合作关系，能够更好地帮助学生亲身体验社会企业管理，掌握社会创业的一手经验。如杜克大学组织 MBA 学生到一些国际性的咨询公司实习，通过对一些发展中国家的深入了解，发现存在的社会问题，提出并实施解决方案；北安普顿大学与 Examples 公司共同出资建立了一家专门为社会企业提供信息咨询与专业培训等服务的社会企业，并为学生安排实习岗位，使学生在实践教育学习中融入学科知识（贺嘉贝，王茜，2017）。

（四）面向社会的教学资源整合

欧美高校在社会创业教育发展过程中始终保持开放性，注重与社会密切联系，充分整合社会资源，构建了跨机构合作的协同机制。在高校内部，欧美高校协同创业研究中心、学生协会、网络支持系统等部门为师生构建了一个包含课程、培训、研究、资金、咨询等社会创业资源于一体的交流服务平台；在高校外部，欧美高校与政府、社会组织、社会企业等外部机构相互协作，将学校学科特色与学生不同的社会创业需求融合，有效整合了社会创业教育资源，这种社会化的创业教育模式在引导大学生关注社会问题、发挥社会资源优势、实现社会价值等方面发挥了有力的推动作用。

下面将欧美一些高校社会创业教育的经验做法进行总结，如表4所示。

表4 欧美高校社会创业教育经验做法

序号	高校	社会创业教育经验做法
1	哈佛大学	开设社会创业课程、专业课程与社会创业课程紧密融合、成立社会创业研究中心——"社会企业倡议组织"、打造贝克曼网络法律公益诊所等多元社会创业体验平台、举办社会创业大赛、构建社会创业教育共同体（戴维奇，2016）
2	斯坦福大学	开设社会创业课程、成立社会创业研究中心——"社会创新中心"
3	纽约大学	开设社会创业课程、与非营利组织和社会企业合作开展社会创业教育（戴维奇，2016）
4	宾夕法尼亚大学	与当地社区合作开设社会创业课程
5	杜克大学	开设社会创业课程、成立社会创业研究中心——"社会创业促进中心"
6	哥伦比亚大学	开设社会创业课程、开展社会创业培训项目
7	牛津大学	开设社会创业选修课、成立斯科尔社会企业研究中心、举办斯科尔社会创业世界论坛
8	伦敦大学	将社会创业融入小企业管理、企业财务等专业课程（贺嘉贝，王茜，2017）
9	北安普顿大学	举办"十亿英镑大学挑战"项目、校企合资共建社会企业，由学生持股经营（贺嘉贝，王茜，2017）

三、社会创业教育提升大学生创新创业综合能力的路径

（一）强化社会创业精神，融入学生思想政治教育

高校创新创业教育工作者要积极贯彻落实全国高校思想政治工作会议精神，坚持立德树人，进一步深刻认识创新创业教育改革的突破口作用，将创新创业教育融入"大思政"、融入人才培养全过程。应进一步明确创新创业教育培养学生创新创业精神、激发创新创业的活力，在高校创业教育中进一步强化培养学生的社会责任和家国情怀，对社会发展和社会问题的理解认知等内容，激发学生关注社会问题、解决社会问题的问题意识和创业精神。通过专门设计的强调实践导向的社会创业课程，使学生认识社会、融入社会，提高学生识别社会创业机会和创业模式的能力。

（二）提升案例教学方法，建设本土社会创业案例库

对于社会创业这一新兴且较为特殊的实践性教学方向，案例教学的方式方法具有开放性与互动式的特点，特别有助于增强学生的实践参与感，启发学生运用所学知识解决实际问题的能力。应尽快整合现有高校的管理案例库资源，通过教育行政部门的支持和组织，发动更大范围的教师力量，构建一个立足我国本土实践和创业特色，真正能够满足"案例教学"方法实际需要的社会创业案例库，从而为我国高校社会创业教育的教学改革，也为后续的科学研究和学科建设提供更多的研究素材和教学支撑。同时，吸收欧美高校的成功做法，鼓励学生参与社会创业案例的采

集、编写过程，通过挖掘身边社会创业者的创业故事，了解社会创业者创业成功或失败的经验教训，进一步加深学生对社会创业的认识，激发学生社会创业的热情。

（三）全面推动学科建设和资源整合，构建多元社会创业教育师资队伍

首先，学科和专业是高校教师开展教学科研发展的基本单元和根本支撑。推动社会创业学科建设，要充分发挥社会学中的社会非政府组织和公益组织研究、管理学的社会企业研究和企业社会责任研究等领域的交叉互动和成果共享，通过学科建设带动课程建设。

其次，高校要联合多方资源，强化多元型师资队伍培养，通过探索社会创业教育的方式方法，帮助学生树立符合社会发展的创业观。要在高校内集中选拔各专业骨干师资组成具有专业理论知识的创新创业教育师资，在校外聘任政府、社会企业、基层组织和社会团体等具有一线实践经验体会的社会创业教育师资两支队伍，通过联合教研、集中式培训等方式，提升社会创业教育师资的教学水平，使其成为高校实施社会创业教育的骨干力量。

最后，还要高度重视教学研究和教材编写。教材不仅是对教学成果的固化，同时也是传播社会创业教育理念的重要途径。高校要鼓励专家学者投身于社会创业的理论研究工作，编写具有中国特色的高质量社会创业教育教材。

（四）搭建丰富的社会创业教育实践平台，提升学生社会实践能力

高校应积极整合政府、社区、创投机构、社会企业等各方资

源，合作共建大学生社会创业实践平台和孵化平台，使学生有机会到当地的社会企业、社区等机构实习实训，发现存在的问题并参与解决，切实提高大学生社会创业能力；帮助有社会创业想法和创意的学生团体孵化，通过构建社会创业资源网络整合社会组织、社会企业和社区资源，邀请成功的社会创业家、政府相关部门负责人等担任指导老师等方式，为学生的社会创业项目提供指导服务，提高大学生社会创业成功率。

  同时，要在全国范围内积极举办覆盖各个层次的社会创业大赛，遴选热点社会问题，鼓励学生进行跨院校、跨学科合作，设计创新解决方案，使更多的学生认识并参与社会创业，综合提升学生在识别社会创业机会、商业模式设计等方面的能力。当前，中国"互联网+"大学生创新创业大赛作为深化高校创新创业教育改革的有力抓手，已经成为促进"产、学、研、用"紧密结合的关键纽带。下一步全国高校教育工作者应该进一步贯彻落实习近平总书记的回信精神，全力办好中国"互联网+"大学生创新创业大赛，在"更大范围、更高层次、更深程度"上开展"青年红色筑梦之旅"活动，进一步激发高校学生创新创业热情，展示高校创新创业教育成果，搭建大学生创新创业项目与社会投资对接平台，搭建大学生创新创业项目与贫困地区发展需求对接的全国性平台，推动创新创业教育与思想政治教育相融合，推动创新创业实践与脱贫攻坚工程、乡村振兴战略相融合，从而真正实现以社会创业为切入口，全面深化创新创业教育改革工作。

参考文献

  [1]倪好. 高校社会创业教育的基本内涵与实施模式[J].

高等工程教育研究，2015（1）.

［2］戴维奇，美国高校社会创业教育发展轨迹与经验［J］.比较教育研究，2016，38（7）.

［3］杜晶晶，王晶晶.国外社会创业教育介绍及对中国的启示［J］.内蒙古农业大学学报：社会科学版，2015，17（6）.

［4］贺嘉贝，王茜.英国高校社会创业教育特点及对我国的启示［J］.学术评论，2017（6）.

在华跨国公司企业社会责任报告评价研究

刘海龙[①] 宋宝庆[②]

摘要：企业发布社会责任报告已经成为一种趋势，但报告的质量却未同步提升，仍存在诸多问题。本文对样本企业——优秀在华跨国公司社会责任报告从整体、内容、质量等3个方面进行分析解读，归纳出优秀社会责任报告应该在客观性、实质性、纵向可比性、横向可比性、平衡性、报告可获得性等方面做出努力，最后针对在华跨国企业如何进一步完善社会责任报告、国内企业如何缩小差距，提出了对策建议。

关键词：在华跨国公司 企业社会责任报告

发布企业社会责任报告体现了企业对社会责任战略意义的重视，其包含的信息则体现了企业对CSR（Corporate-Social-Responsibility，企业社会责任）的认知水平，也能体现企业所做的实际努力。企业要强化社会责任，首先要从披露企业社会责任报告入手。随着企业社会责任在国际上和中国的迅速发展，企业发布社会责任报告已成为一种趋势，并成为推动社会责任管理和实践，加强内部和外部沟通的有效途径和手段。是否发布报告以

---

① 北京工商大学副教授，硕士生导师。
② 北京理工大学珠海学院艺术教育中心主任。

及报告的质量如何,已成为企业社会责任评价的重要依据。同时,企业社会责任报告也是外界了解企业社会责任行为的重要信息源。

一、背景目的

根据全球企业可持续发展协会(WBCSD)的统计,目前全球至少已有 2 000 家企业主动发布可持续发展报告。另据毕马威(KPMG)调查显示,2005 年 7 月,全球 250 强企业中已有 129 家(占 52%)单独发布企业可持续发展报告;16 个发达国家各自的 100 强企业(共 1 600 家)中已有 525 家(33%)发布了单行本企业社会责任报告,其中 68% 是可持续发展报告。2006 年 9 月 25 日,深交所颁布了《上市公司社会责任指引》;2009 年 12 月,中国社会科学院经济学部和企业社会责任研究中心联合编写了《中国企业社会责任报告编写指南(CASS-CSR1.0)》。这些举动促使我国企业加快了发布社会责任报告的步伐,但是从总体上说我国企业社会责任报告制度的建设工作还处于起步阶段,与国际接轨还有较大的距离。

在中国的经济和社会发展中,跨国公司扮演着非常重要的角色,他们不仅带来了先进的技术和管理经验,促进经济发展;还积极履行其企业社会责任,以促进中国的社会创新,在中国广泛深入地开展社会公益慈善活动,并设计出一大批有品牌、创新度高、可持续性强、参与广泛的公益项目。一些跨国公司每年定期发布《企业社会责任报告》《企业公民报告》《可持续发展报告》或《公益项目报告》等,他们在促进社会慈善事业的想法、经验和创新做法方面很值得中国的公共服务机构和企业研究、学习和借鉴。

为了更好地研究、学习、借鉴和推广跨国公司优秀的公益理念和创新方法，《公益时报》社联合中国社会工作协会企业公民委员会、北京师范大学社会发展与公益案例研究中心等相关组织开展"跨国公司企业社会责任优秀案例"征集、展览与发布等一系列活动，并将相关案例结集出版并在《公益时报》上选登。这是首次在全国范围内系统地研究和推广优秀企业社会公益典范案例的倡导性活动，共评选和展出了100余个优秀案例。这些案例涉及的79家在华跨国公司来自各个行业，它们在企业如何更好地履行社会责任方面走在了前列，为中国企业树立了标杆。本文通过对这些在华跨国公司企业社会责任报告的分析解读，发现跨国公司社会责任管理与实践的最新特点和发展趋势，希望对国内企业社会责任报告的编写及社会责任的履行有所启示和借鉴。

二、发布概况

2012年3月，我们逐一浏览79家在华跨国公司的官方网站。首先确认其是否发布了社会责任报告。具体信息如表5所示。79家企业中，在其网站上发布了企业社会责任报告的共有29家，占比36.7%，称其为样本企业。接下来对这29家样本企业的社会责任报告从结构和内容等角度进行分析。最后进行归纳总结。

样本企业中发布社会责任报告的企业规模均比较大。有的企业是其所在领域中的领导者，甚至有的企业处于全球500强的行列。企业规模越大，对经济社会的影响就越大，受到的社会关注就越多，这在一定程度上推动了企业发布社会责任报告，积极披露企业社会责任信息的工作。同时，发布报告的企业行业特征明显,直销、汽车制造、金融、食品饮料、电子信息、日化等行业占据了大头,占比79.3%。此外,多家企业已经连续几年发布企业社会责任报告,截至2012年3月已连续发布3年及以上的共有12家,占比42.4%。三星中国和宝洁已至少连续6年发布企业社会责任报告。29家企业累计平均发布了2.5份企业社会责任报告。

表5 在华跨国企业社会责任报告发布情况

行业	企业名称(括号内数字为企业官网的社会责任报告年份)
直销	安利(中国)(2010)、玫琳凯(2009、2010、2011) 如新(中国)
汽车	博世(中国)(2005、2006、2007、2008) 奔驰(中国)、日产(中国)、宝马(中国)、郑州日产、本田(中国)、大众(中国)、标致(中国) 福特汽车、现代汽车、通用汽车、丰田汽车
金融	汇丰(中国)(2006、2007、2008、2009、2010)、花旗银行(2007) 东亚银行(2011)、摩根大通(2007、2008、2009、2010) 渣打银行、华侨银行、安联人寿
食品饮料	百威英博(2007、2008、2009、2010、2011)、雅培(中国)(2009、2010) 可口可乐(2006、2007、2009)、多美滋(2010、2011) 加多宝、百事(中国)、雀巢(中国)、卡夫食品、星巴克、顶新(中国)
电子信息	三星(中国)(2000、2001、2004、2005、2006、2007、2008、2009) 佳能(2010)、爱普生(2010、2011)、富士康(2010)、飞利浦(2007) 索尼(2006、2007、2008、2009、2010、2011)、思科(中国)(2011) 英特尔(中国)(2010、2011)、EMC(中国)(2008、2009、2010) 威盛电子、诺基亚、奥林巴斯、LG、戴尔(中国)、西门子、华硕(中国)

续表

行业	企业名称（括号内数字为企业官网的社会责任报告年份）
日化	联合利华（2009）、金佰利（2006、2007） 宝洁（2004、2005、2006、2007、2008、2009、2010、2011） 强生、欧莱雅（中国）、资生堂
其他	金光APP（中国）（2007、2008、2009、2010）、壳牌（中国）（2007、2008、2009、2010） 立邦（2010、2011）、波音（中国）（2007）、三井物产（2010）、塞拉尼斯（2011） 中外运敦豪（DHL）、巴斯夫、友邦保险、利乐、苏黎世、佳丽宝、康明斯 普华永道、真维斯、礼来制药、芬欧汇川、空客（中国）、施耐德电气、诺华（中国） BP、霍尼韦尔、金鹰国际、沃尔沃建筑设备、北京香港马会会所

资料来源：作者加工整理。

三、整体特点

1. 内容比较丰富

样本企业社会责任报告的平均篇幅达到47页（图11），内容丰富。其中，飞利浦2007年的企业社会责任报告篇幅达到了110页。只有8家企业社会责任报告的平均篇幅在30页以下，它们是：安利（中国）、花旗银行、东亚银行、思科（中国）、壳牌（中国）、雅培（中国）、金佰利、塞拉尼斯。

2. 结构比较完整

根据中国社科院企业社会责任研究中心发布的《中国企业社会责任报告编写指南》，一份完整的企业社会责任报告包括6大主体部分：报告前言、责任管理、市场绩效、社会绩效、环境绩效和报告后记。责任管理与绩效是报告的主体，其他部分也不可或缺。样本企业社会责任报告的结构较为完整，所有的报告都包

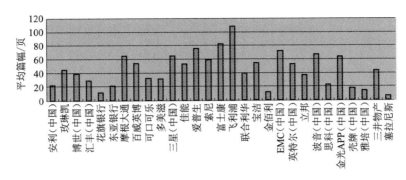

图 11　样本企业社会责任报告的平均篇幅

资料来源：作者加工整理。

括了报告前言、责任管理、市场绩效、社会绩效和环境绩效等 5个部分；但有近一半企业忽略了报告后记中内外部利益相关方对报告的反馈等内容，一定程度上影响了报告的完整性，这些企业包括：玫琳凯、汇丰（中国）、花旗银行、东亚银行、多美滋、佳能、富士康、宝洁、金佰利、EMC（中国）、英特尔（中国）、立邦、壳牌（中国）、雅培（中国）、塞拉尼斯。

3. 基础框架比较固定

样本企业在披露履责实践和绩效时，主要以经济责任、社会责任、环境责任"三重底线"为基础框架。具体到各企业，又根据行业特点而有所不同，比如，食品饮料类企业，由于食品安全责任重大，常常将食品安全作为与社会、环境并列的板块加以详细阐述。同时，样本企业特别注重对社会热点和重大事件的披露，比如，每一份样本企业 2008 年企业社会责任报告都描述了企业在抗震救灾或灾后重建中的行动与贡献，大部分报告还包含了支持奥运的内容。

4. 实践较好，但信息披露欠佳

跨国公司企业社会责任优秀案例展中涉及的优秀企业有 79

家，但是其中只有 29 家在其公司网站公布了专门的企业社会责任报告，只占优秀企业总数的 36.7%，这体现出在华跨国公司在社会责任方面实践较好但信息披露欠佳的特点。

四、内容分析

在华跨国公司行业类型不同，对各自的责任定位不尽相同，但报告所披露的履责信息内容却大体相同，都围绕经济、环境和社会三大责任展开。所有样本企业社会责任报告均披露了企业社会责任管理现状，包括社会责任治理、社会责任推进、社会责任沟通以及守法合规等方面的管理理念、制度、行为和绩效等。具体到社会责任实践，样本企业一般按照经济、环境、安全、员工、社区建设与社会公益、利益相关方参与和沟通等方面来进行信息披露。

1. 经济责任

企业对经济责任的表述主要针对企业所在不同行业展示企业如何可持续地满足客户对该行业的需求，着眼于如何可持续地发展，而不局限于企业经济效益，这一点体现了社会责任报告和财务年报在角度上的区别。伴随着"可持续发展"的要求深入到我国社会的各个方面，样本企业也增加了对此问题的立场、态度的表述，如百事中国就在其企业社会责任报告中提出了"人类的可持续发展、环境的可持续发展、人才的可持续发展"的口号，显现出强烈的责任意识。

2. 环境责任

环境问题已成为全世界共同关切的问题，样本企业虽所处的行业不同，但都无一例外地表现出了对环境责任的重视，每一份社会责任报告中都能找到关于环境责任的表述,并且占到较大篇幅。"低碳生产"成为很多企业社会责任报告中环境责任板块的关键词,突显出企业对全球环境变化的关切。总体来看,样本企业对环境责任的披露主要包括以下三个方面:一是环境管理,二是节约资源、能源,三是降污减排。

3. 安全责任

每家样本企业的报告中均体现了对安全问题的重视,但各家企业的侧重点不同。如汽车制造企业的报告更加侧重交通安全,而具体到每家汽车制造企业,其对安全责任的理解也不尽相同。如福特汽车认为,产品质量、工作场所安全、环境生态安全、道路交通安全等都属于"安全责任"的范畴,并通过实践促进安全管理。

4. 员工责任

无论什么行业的企业,在社会责任报告中均表达出对员工的重视。总结起来,样本企业在员工责任板块基本上从以下5个方面进行了阐述:劳资、职业健康与安全、社会保障、工会、培训与发展。

5. 社区建设与社会公益

从报告中可以看出,所有的样本企业都秉承"饮水思源、积极回馈社会"的社会责任方针,报告中均披露了企业在社区建设与社会公益方面做出的成绩,只是侧重点有所不同而已。如华侨银行在公益方面的活动主要在儿童和青少年的文化教育方面:推出奖学金计划、重建灾区学校等。

6. 利益相关方参与和沟通

样本企业报告中利益相关方大体上由政府、客户、员工、合作伙伴、社会、环境6类群体构成,每份报告对自己的利益相关方构成均有明确界定,并且针对不同的相关方及其关注的议题,企业也相应地建立起不同的沟通机制,以便及时了解其期望并做出回应。例如,安利(中国)在《安利(中国)企业社会责任报告 2010》中就披露了各利益相关方的关注议题以及针对不同的利益相关方所采取的沟通形式及表现,如表 6 所示。

表 6 安利(中国)利益相关方构成

利益相关方	关注议题	沟通形式及表现
政府	诚信守法、依法纳税、保障就业、促进社会和谐发展	积极主动与主管及相关部门开展沟通对话; 公司治理保持透明度、积极营造信任度; 推动行业发展
客户	提供安全高质高效的产品、致力高品质产品的本土研发、提供满意的服务	开展客户满意度调查、认真处理客户投诉; 建立客户反馈机制、强化供应链管理
员工	全面职业发展、职业健康与安全、和谐工作环境、工作生活平衡	开通职业成长通道、提供职业发展培训; 提供员工扶助计划、开展志愿者活动
合作伙伴	提供创就业机会、助力职业发展全面责任管理	提供全面、完善培训; 帮助树立正确价值观
社会	儿童关爱、志愿者参与、抗震救灾、支持教育、社区发展	成立安利公益基金会; 开展公益慈善项目、提供志愿服务
环境	节能减排、清洁生产、绿色办公、污染控制	倡导环境保护理念、开展环保活动

资料来源:作者加工整理。

五、质量指标

1. 客观性

企业社会责任报告除了用定性的描述阐述企业履行社会责任的理念、制度、措施之外，还必须用定量的数据客观反映履责绩效。样本企业最新发布的企业社会责任报告的定量指标数量平均为103个，整体的客观性较好。

如图12所示，最大的部分是报告定量指标数量在100个以上的企业，共有14家；最小的部分是报告定量指标数量在90以下的企业，共5家；剩下的部分是定量指标数量在90～100的企业，有10家。例如，金光APP对环境绩效、社会绩效和经济绩效数据的披露方面做得较好，具有较高的准确性和可比性，如表7所示。

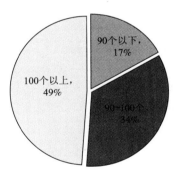

图12　样本企业社会责任报告定量指标数量分布

资料来源：作者加工整理。

2. 实质性

实质性是指企业社会责任报告不仅要披露定量指标，还要披露最能够代表企业履责绩效的关键指标，亦即社会责任报告的实质性。这些关键指标包括：二氧化碳排放量或减排量、废渣排放

表7 金光APP（中国）2008—2010年可持续发展报告绩效数据

	项目	2008年	2009年	2010年
环境绩效	环保总投入/亿元	4.68	3.27	4.63
	总排水量/吨	56 677 882	52 671 699	54 110 253
	COD总排放量/吨	4 420	3 729	3 684
	二氧化硫总排放量/吨	8 725.74	8 117.08	7 235.00
	固体废弃物产生量/吨	1 667 733.45	1 611 265	1 593 706
	氮氧化物总排放量/吨	5 328.23	6 350.95	5 439.50
	中水回用率/%	13.60	16.66	20.00
	每吨纸能源消耗/亿焦耳	139.53	137.54	137.66
	每吨浆能源消耗/亿焦耳	64.46	81.52	72.38
	每吨纸年均耗水量/吨	9.27	9.14	9.00
	每吨浆年均耗水量/吨	28.58	25.38	24.34
	每吨纸年均废水排放量/吨	8.47	7.67	7.28
	每吨浆单位产品年均废水排放量/吨	16.05	16.22	15.78
	每吨纸年均COD排放量/千克	0.58	0.47	0.42
	每吨浆年均COD排放量/千克	1.61	1.51	1.39

续表

	项目	2008 年	2009 年	2010 年
社会绩效	员工总数 / 人	20 367	21 332	28 552
	女员工人数 / 人	5 232	5 262	9 625
	管理层中的女性人数 / 人	359	417	533
	30 岁以下员工人数 / 人	11 392	10 718	12 737
	30 ~ 50 岁员工人数 / 人	8 487	9 967	15 190
	50 岁以上员工人数 / 人	488	647	625
	少数民族员工人数 / 人	599	626	827
	本地员工总数 / 人	14 894	12 986	15 943
	女员工所占比例 /%	25.70	24.70	33.71
	少数民族员工比例 /%	2.9	2.9	2.9
	员工本土化比例 /%	73.13	60.88	55.60
	员工人均培训费用 / 元	343	295	304
	员工人均培训时间 / 小时	38.39	33.12	33.28
	因工死亡人数 / 人	2	1	1
	工伤次数 / 人次	96	84	92
	百万工时损失 / 小时	6 022.99	4 118.34	1 237.91
	职业病危害因素接触人数 / 人	4 420	4 701	6 645
	职业病健康检查人数 / 人	3 631	4 657	5 661
	职业病发病人数 / 人	0	4	0
	对外捐赠金额 / 万元	5 608	3 300	4 975
	志愿服务 /（人·时）	16 311	30 272	45 116

续表

项目		2008 年	2009 年	2010 年
经济绩效	利润总额/亿元	20.60	30.12	30.06
	上缴税费总额/亿元	14.19	13.66	16.41
	销售收入/亿元	281.81	258.42	310.11
	资产总额/亿元	700.87	764.46	909.90

资料来源：作者根据《金光APP（中国）2010年可持续发展报告》整理。

量或减排量、废水排放量或减排量、废气排放量或减排量、单位产值水耗或节水量、单位产值能耗或节能量、环保总投资、捐赠总额、员工满意度/流失率、员工培训绩效、女性管理者比例、社会保险覆盖率、劳动合同签订率/集体合同覆盖率、员工总数、纳税总额、信用评估等级、新增专利数、研发投入、产品合格率、客户满意度、财务安全性数据、经营收益性数据、经营成长性数据等。从样本企业最新年份的企业社会责任报告情况来看，涉及关键指标披露的企业比例超过50%，样本企业社会责任报告的实质性较强。

3. 可比性

可比性原则是指报告对信息的披露应有利于利益相关方对企业在报告期内的责任表现进行分析和比较。企业社会责任报告的可比性包括纵向可比性和横向可比性。纵向可比性是指，企业社会责任报告不仅要反映企业当年的履责绩效，而且要体现绩效的变化，披露连续多年的历史数据。横向可比性则要求企业披露各项关键指标的行业平均数据，以使利益相关方对企业履责绩效有直观的认识。90%的样本企业最新年份的企业社会责任报告披露了连续年份的定量指标，而披露个别绩效指标行业平均数据的样本企业相对较少，仅有四家，它们是百威英博、多美滋、爱普生、金光APP

（中国），反映出样本企业纵向可比性较强，横向可比性较弱。

4. 平衡性

平衡性原则是指报告应中肯、客观地披露企业在报告期内发生的正面和负面信息，以确保利益相关方可以对企业的整体业绩进行正确的评价。平衡性原则的作用是确保企业在编制报告的过程中避免对信息进行主观性筛选或故意性遗漏，进而影响利益相关者对企业做出不准确的判断。企业社会责任报告不仅要反映企业的成绩，还应当披露企业履行社会责任的不足之处及改进计划。平衡性是衡量企业社会责任信息披露质量的一个重要原则。样本企业最新年份的社会责任报告披露履责改进计划的较少，仅包括安利（中国）、百威英博、爱普生、索尼、富士康、EMC（中国）、英特尔（中国）、金光 APP（中国）、壳牌（中国）等 9 家样本企业。

其中，壳牌（中国）在《2008 年壳牌（中国）可持续发展报告》中，不仅对安全绩效数据进行披露，公布了各种事故总数及事故率，还仔细地调查了每次事故，并总结和分享了经验教训。首先壳牌找出了事故数较前一年增加的原因，然后针对这些原因提出了改善安全业绩的改进计划：一是加强承包商管理：为承包商提供壳牌的 HSSE 培训（包括后果管理），定期评估他们的安全业绩，以确保他们能遵守壳牌的"救命规则"。二是要提高员工的 HSSE 能力：开展跨部门的 HSSE 审计，以进一步防止不安全行为的发生；组织主题论坛和讨论会来提高 HSSE 专业人员和运营经理们在安全管理方面的能力和领导力；为一线员工提供在职培训以提高他们的安全意识。

经过以上对报告披露内容和质量指标的分析，得出百威英博、爱普生、金光 APP（中国）、安利（中国）、索尼这五家企业的社会责任报告综合质量排在样本企业的前列。表 8 从多个维

表 8 优秀的样本企业社会责任报告质量评价

项目	金光 APP（中国）	百威英博	爱普生	安利（中国）	索尼
行业	造纸业	饮料	电子产品	直销	电子产品
优秀案例领域	教育	公益行动	环保	贫困儿童生活资助	科普
报告年度	2010	2010	2011	2010	2011
定量指标数量（客观性）	109	112	115	101	99
关键指标数量（实质性）与举例	36	17	12	14	19
	单位产品年均废水排放量	每百升产品回收的废料和副产品	参加环境培训员工数	客户投诉次数	反贿赂、索尼行为规准则培训人数
	员工接受健康安全培训总时数	员工参与度指数	环保相关发明的专利申请件数指数	经理级及以上女性员工比例	工厂的环境活动费用

续表

项目	金光APP（中国）	百威英博	爱普生	安利（中国）	索尼
	27	10	6	9	11
关键指标序列性（纵向可比性）与举例	单位产品年均废水排放量（2008—2010） 员工人均培训时间（2008—2010）	每百升产品回收的废料和副产品（2009—2010） 员工参与度指数（2009—2010）	环保相关发明的专利申请件数指数（2007—2010） 接受采购业务人员资格认定培训的人数（2006—2010）	客户投诉次数（2006—2010） 公益活动投入（2007—2010）	反贿赂、索尼行为规范准则培训人数（2008—2010） 工厂的环境活动费用（2008—2010）
	未披露	2	1	未披露	未披露
关键指标行业平均值（横向可比性）与举例	未披露	Cartersville的生产设施的年用水量304升/百升，是美国最节水啤酒厂	电气机械器具制造业平均与爱普生的工伤事故度数率的对比值	未披露	未披露

续表

项目	金光APP（中国）	百威英博	爱普生	安利（中国）	索尼
披露失责行为（平衡性）与举例	披露	披露	披露	未披露	未披露
	因工死亡人数、工伤次数、职业病发病人数	全球严重事故率（每百万工作小时误工天数）	2010年排水超过法规限值4起和投诉1起		
披露改进计划（平衡性）	披露	披露	披露	未披露	未披露
	在加强营林作业现场的健康与安全方面，为合作方提供健康与安全意识培训	安全第一计划	工业废弃物长途货运改为海运等，降低日本内陆运输二氧化碳排放		
报告可获得性	较强，网站醒目位置设置专栏	较强	较强	较强	较强
总体评价	很好	很好	很好	较好	较好

资料来源：作者加工整理。

度对五家企业的社会责任报告进行了总结和对比。可以看出，要想编写出一份优秀的企业社会责任报告，应该在客观性、实质性、纵向可比性、横向可比性、平衡性、报告可获得性等方面做出努力。

六、问题与建议

当然，在华跨国公司的企业社会责任报告仍然存在着一些问题。

1. 企业社会责任报告的横向可比性比较弱

多数样本企业的社会责任报告对关键指标行业平均值的披露较少或没有。仅百威英博、爱普生两家企业在其报告中披露了个别绩效指标行业平均数据，反映出在华跨国公司社会责任报告的横向可比性较弱。因此，在华跨国公司应当增加其企业社会责任报告中对于关键指标行业平均值信息的披露，增强其报告的横向可比性，以使利益相关方对企业履责绩效有直观的认识，并且对企业在报告期内的责任表现进行分析和比较。

2. 企业社会责任报告的可获得性较弱

部分企业网站没有任何相关链接，报告全文无从获得；部分企业选择在报纸或其他渠道刊登报告，无法通过公司网站获得电子版的报告全文；还有的企业虽然在公司网站提供了社会责任报告的下载，但由于位置并不醒目，不易被利益相关方发现。这体现出有一部分在华跨国公司企业社会责任报告的可获得性不高。企业应在公司网站的醒目位置提供有关社会责任的专题，并且提供其报告的在线阅读或 PDF 下载。这样既能方便利益相关方的查找，又体现出企业对社会责任的重视程度以及接受公众监督检验的信心与决心。

3. 缺乏专门针对中国国情的报告

在样本企业中，部分企业并未发布针对中国国情的中国国别报告或是中文版报告，给中国的利益相关方了解其企业社会责任造成一定障碍。在华跨国公司应当加强对中国本地利益相关方需求的重视，编制出适应中国地区社会责任实践特点、由中国区自行制定原则和框架的中国国别报告，全面展示中国区履行社会责任的理念、措施和绩效，适应中国地区发展的需要。

4. 有时会忽略"宣称社会责任"和实际社会责任的一致性

客观来看，企业社会责任报告上记载的企业行为都属于"宣称的社会责任"，至于企业是否真正实践了、是否取得了标明的效果、是否会故意遗漏社会失责行为等，则需要多方查证核实。例如，仅从社会责任报告来看，金光APP（中国）表现很好，但同时媒体和公益组织经常曝出其一边开展公益项目一边破坏生态的"漂绿"行径。所以，对于企业披露的社会责任信息，要有进一步查证的意识。

社会责任报告是外界获取企业CSR信息的最详尽的信息源，因此企业应该采取举措做好这一工作：

1. 明确位置，正视差距

近年来，以国有企业和上市公司为代表，越来越多的国内企业开始发布社会责任专题报告。但是与跨国企业相比仍有一定差距，特别是信息披露质量方面。比如，社会责任战略往往披露比较充分，但社会责任管理和社会责任绩效就显著披露不足，而且定量绩效指标明显存在数据不完整、缺乏可比性等问题；实质性内容披露不足，比如与同行、金融机构、社会组织、监管机构和供应商相关的信息披露不足，报喜不报忧，对负面信息的披露普遍不够重视，对环境责任信息的披露力度不够，等等。

2. 社会责任报告工作制度化

将社会责任报告的编制与发布作为企业社会责任战略的重要组成部分，并成为相关部门的常态工作内容；定期开展相关的学习和培训工作，提高认识，掌握框架，熟悉思路；社会责任报告在企业网站定期更新和宣传，同时利用企业微信公众号等自媒体进行亮点宣传，还要和外界媒体建立经常性发布渠道。

3. 提高社会责任报告工作的专业性，提高编制质量

配备专业人员或团队负责此项工作，可采取外包形式；注意吸取专家和相关非营利组织的建议，构建特色鲜明的社会责任报告框架，特别要在实质信息披露、负面信息披露和回应、数据连续性等方面弥补短板。

4. 加强社会责任报告工作的互动性和反馈性

企业往往会在报告编制过程中重视与相关方交流沟通，听取反馈，但是在报告完成后的沟通则比较少；同时沟通反馈的相关方的诉求内容很少会进入报告。因此，应该探索建设社会责任报告编制前、编制中、编制后的互动沟通机制，以及反馈内容的审核采纳机制，提高互动和反馈的持续性。

5. 引入社会责任报告独立第三方审验机制

尽管目前国内企业发布社会责任报告的数量在迅速增长，但具备客观、公正效力的第三方审验在国内企业的社会责任报告中仍然缺位，导致社会责任报告的可信度受到影响。第三方验证一般采取较为严谨的验证程序，具有相对较高的客观性和真实性，相关各方也比较认可。所以企业应该建立一定机制遴选第三方审验机构。当然，第三方审验机构不能参与到企业社会责任报告的编写过程中，仅对已由公司编写完成的社会责任报告进行审验工

作。编写与审验工作应当是两个完全独立的过程。

参考文献

[1]《WTO经济导刊》"企业社会责任发展中心"企业社会责任报告研究课题组. 中国企业社会责任报告研究（2009）[J]. 中国非营利评论，2010（2）：114-161.

[2]《WTO经济导刊》编辑部. 跨国公司优秀企业社会责任报告点评[J]. WTO经济导刊，2011（11）：41-42.

[3] 李文，于秋波，何芳，等. 五大跨国石油公司2009年度社会责任报告解读[J]. WTO经济导刊，2010（12）：67-70.

[4]《WTO经济导刊》编辑部. 在华跨国公司中文企业社会责任报告调研报告[J]. WTO经济导刊，2011（11）：26-32.

[5] 刘海龙，李健. 媒体、利好消息与企业社会责任[J]. 生产力研究，2009（5）：131-133，160.